03 수학 교사를 위한 지침서

대한수학교육학회 번역시리즈

Developing Essential Understanding of

Rational Numbers

for Teaching Mathematics

유리수의 필수 이해

방정숙 · 송상헌 · 김동원 · 이지영 · 정유경 · 김정원 옮김

idea

NCTM | NATIONAL COUNCIL OF TEACHERS OF MATHEMATICS

KYOWOO

Developing essential understanding of
rational numbers
for teaching mathematics in grades 3-5
(ISBN 978-0873536301)

역자 서문

수학을 왜 가르치고 배워야 하는가에 대한 답변은 시대의 변화에 따라 달라질 것이다. 세계는 지식기반정보화 사회, 즉 3차 산업혁명 시대를 넘어 기계와 제품의 지능화와 사물인터넷으로 요약할 수 있는 4차 산업혁명 시대에 접어들었다. 이러한 변화 속에서 수학교육은 어떤 모습이어야 하는가에 대한 고민이 필요하다.

이 책은 NCTM의 필수 이해 시리즈(Essential Understanding Series)를 대한수학교육학회의 주관 하에 번역한 것 중 한 권으로, 위의 문제에 대한 직접적인 답을 주지는 못하지만 우리나라의 수학교육에 대한 반성 및 제언을 시의적절하게 제공할 수 있을 것이다. 교육과정을 수학 수업으로 실행하는 주체이자 교수·학습 활동의 전문가인 교사의 역할에 대한 강조는 수학교육의 세계적인 추세이며, 교사 전문성을 신장하기 위한 여러 방면의 연구가 진행 중이다. 필수 이해 시리즈는 수학 수업의 주체인 교사가 학생들을 지도할 때 참고할 수 있는 특정 수학 주제에 대한 자료이다.

이 책은 필수 이해 시리즈 중에서 초등학교 3학년부터 5학년 학생들의 유리수(rational numbers)에 대한 필수 이해를 다루고 있다. 초등학교 학생들이 학교 수학을 통해 가장 많이 접하는 수와 연산 영역 중 유리수의 중요성은 새삼 강조할 필요가 없을 것이다. 그러나 정작 자연수에서 유리수로 수의 체계가 확장됨에 따라 학생들은 유리수의 다양한 의미를 이해하기보다는 처음 접하게 되는 전체-부분 관계로서의 의미에 집중하게 되고, 유리수 의미의 토대인 단위 개념을 제대로 이해하지 못하다 보니, 유리수 계산은 어느 새 공식으로 외워버리는 경향이 많다.

그러나 더 진지하게 생각해 봐야 할 것은 이러한 학생들의 어려움을 자주 목격하면서도 정작 교사가 어떻게 지도해야 하는지 제대로 이해하지 못하는 경우가 많다는 사실이다. 또한 현행 수학과 교육과정에서 3학년부터 6학년까지 다루게 되는 유리수의 개념 및 계산과 관련하여 무엇에 초점을 두고 일관성 있게 지도해야 하는지에 대한 합의가 부족한 실정이다. 이런 상황에서 이 책은 유리수에 관한 핵심적인 아이디어를 면밀히 다루고 있고, 구체적으로 유리수 지도와 관련하여 변화해야 할 부분이 무엇인지 기술하고 있기 때문에, 교사에게 필요한 지식을 탄탄히 다루었다고 볼 수 있다.

이 책은 유리수에 대한 핵심 아이디어와 필수 이해를 다루기 위해 도입부에서 유리수의 중요성과 관련 배경을 설명한 후, 총 3개의 장이 이어진다. 1장에서는 유리수에 관한 핵심 아이디어와 필수 이해를 제시한다. 구체적으로 범자연수에서 유리수로의 확장, 유리수의 다양한 의미, 유리수와 동치, 유리수의 계산을 다루는데, 자연수 체계와 유리수 체계의 차이점에 주목하면서 단위 개념 및 동치 표현을 강조한다. 2장에서는 선수 학습과 후속 학습의 연계성을 다루는데 특히 범자연수에서 유리수로 어떻게 확장되는지, 교육과정 전반에 걸쳐서 다른 수학 내용과 관련하여 유리수가 어떻게 사용되는지, 그리고 후속 학년에서 학생들이 학습하게 되는 수 체계와 어떤 관련성이 있는지를 탐색한다. 마지막으로 3장에서는 유리수와 관련된 교수, 학습, 평가를 다루는데 특히 유리수 지도와 관련하여 변화해야 할 네 가지 측면을 제시하고 그 변화를 촉진하기 위해서 어떻게 해야 하는지를 안내한다.

역자들은 이 책의 내용을 가감 없이 그대로 전달하고자 하였다. 이 책에 담긴 필수 이해와 그것을 예시하는 다양한 사례를 통해 초등학생에게 유리수를 의미 있게 지도하기 위한 교사 전문성이 구체화될 수 있기를 기대한다. 또한 급격한 변화 속에서 학교 수학에서 다루어야 할 것이 무엇인가에 대한 고민에 도움이 되길 바란다. 이 책의 출판을 위해 노력해주신 교우사 여러분께 깊은 감사의 뜻을 전하는 바이다.

2016. 12.

역자 일동

- 차례 -

서문

유아·유치원(prekindergarten)부터 12학년까지의 수학을 가르치기 위해서는 수학에 대한 특별한 이해가 필요합니다. 유능한 수학 교사들은 설명법을 찾고, 수학 안과 밖의 주제들 간의 내용을 접목시키면서 자신들이 가르쳐야 하는 내용 자체뿐만 아니라 그 이상을 생각합니다. 가르치는 주제에 대하여 학생들에게 어떤 수학이 중요한지 아는 교사들을 만날 때, 학생들은 교육과정과 학업 성취에 대한 기대치를 더 잘 충족할 수 있게 됩니다.

미국수학교사협의회(NCTM)가 출간한 「필수 이해 시리즈(Essential Understanding Series)」는 2006년에 출판된 「유아·유치원에서 8학년까지의 수학을 위한 교육과정 초점 사항: 일관성을 위한 요구(Curriculum Focal Points for Prekindergarten through Grade 8 Mathematics: A Quest for Coherence)」와 2009년에 발간한 「고등학교 수학의 초점 : 추론과 이해(Focus in High School Mathematics: Reasoning and Sense Making)」의 정신에 따라 학교 수학 교육과정에 집중하였습니다. 「필수 이해 시리즈」는 학생들을 가르칠 때 도움이 될 수 있도록, 특정 수학 주제에 대하여 개인의 지식을 넓히고 질을 향상시키기 위해 수학적으로 사고하고 싶은 교사와 동료를 위한 자료입니다. 각 책의 주제는 학생들은 배우기 어렵고, 교사는 가르치기 힘들며, 학생들이 학습자로서의 성공과 그들의 미래의 삶과 진로에 매우 중요한 역할을 할 수 있는 수학적 영역을 다루고 있습니다.

저자들은 교사로서, 연구자로서 그리고 수학자로서의 자신들의 경험에 기반을 두고 각 책의 주제에 중심이 되는 핵심 아이디어를 설명하고 있습니다. 필수 이해—주제의 본질을 포착하는 수학적 관점—가 모여서 각각의 핵심 아이디어를 이룹니다. 종합적으로, 핵심 아이디어와 필수 이해는 집중적이고 연결되며 유용한 수학적 관점을 교사들에게 제공합니다. 학생들이 학교수학에서 선수 학습이나 후속 학습으로 배우게 되는 주제를 교수 및 평가와 연결시켜 주는 것은 교사의 수학에 대한 필수 이해의 관련성과 중요성을 설명해 줍니다.

이 시리즈를 만들 수 있게 도와준 모든 사람들에게 이사회를 대신하여 진심으로 감사를 표합니다. 특별히 시리즈의 편집자로서 리더십을 발휘한 Rose Mary Zbiek에게 감사의 뜻을 전합니다. 필수 이해 프로젝트 팀과 함께 이 책들을 접하는 여러분을 환영하며, 여러분이 앞으로도 수학을 배우고 가르치는 것에 대하여 오랫동안 즐길 수 있기를 바랍니다.

Henry Kepner
회장, 2008-2010
미국수학교사협의회

머리말

유아·유치원부터 12학년까지, 수학과 교육과정은 학생들의 발달에 중심이 되는 중요한 주제들을 포함하고 있다. 이 주제들을 이해한 학생들은 새로운 수학 분야로 자연스럽게 넘어가며 자신감을 가지고 계속 발전해 가게 된다.

그러나 이 주제들 중 많은 부분은 전통적으로 배우거나 가르치기가 어려웠으며, 학생들의 발달을 점검하기 위한 문지기로서의 역할을 하기보다는 장애물 역할을 하는 것으로 증명되었다. 이러한 주제들에 대하여 기초를 단단히 다지지 못한 학생들은 수학이나 관련된 교과목에서 후속 학습을 할 때 대개 가속도를 내지 못하고 활동을 해 나가는 데 어려움을 겪는다.

「필수 이해 시리즈」는 모든 단계에서 이런 주제들을 분석했다. 학생들에게 이런 주제들을 가르치는 교사들은 학생들이 수학적 성취를 이루는 데 중요한 역할을 한다. 이 시리즈의 각 책은 여러분처럼 단지 유능함을 넘어서 교실에서 훌륭한 교사가 되고 싶은 사람들에게 학생들이 꾸준히 수학적으로 발달할 수 있도록 한 가지 또는 더 많은 주제들에 대하여 이해를 풍부히 할 수 있도록 돕는다.

얼마나 알아야 하는가?

이러한 어려운 주제들을 효과적으로 가르치기 위해서는 폭넓고 깊은 수학적 이해에 관심을 가져야 한다. 그런데 어려운 것은 학생들이 알고 배워야 할 것이라고 기대하는 것 이상으로 교사는 그 주제들에 대해 더 많이 알아야 한다는 것이다.

왜 그렇게 광범위한 지식이 필요한 것인가? 왜 가르쳐야 하는지에 대한 것과 학생들이 알아야하는 것 이상의 지식이여야 하는가? 이 질문에 대한 답은 많은 요소로 설명할 수 있다.

학생들에게 성공적인 학습경험이 되도록 계획하기 위해서는 다양한 모델과 표현을 이해해야 하며, 어떠한 경우에는 교육과정을 평가하고 수업을 계획하면서 여러 기술들을 익혀야 할 때도 있다. 교사는 과제들을 선택하고 실행하면서 무엇을 강조해야하는지 알아야 하며 그것들이 수학적으로 왜 중요한지도 알아야한다.

교사는 수업하면서 학생들이 당혹해 할 것을 예상해야 하고, 학생들이 그러한 함정을 피해갈 수 있도록 도와줘야 하며, 오개념을 인지하고 바로 잡아야 한다. 또한 예측하지 못한 수업 상황들을 활용하여 나양한 수학 주제들을 연계하여야 한다. 만약 평가에서 학생들이 수업에서 다룬 내용을 잘 이해하지 못한 것으로 나타난다면, 학생들이 이해하지 못한 부분을 어떻게 설명할 것인지 알아야 한다. 한 번에 알아듣지 못하는 학생들을 위해 다양한 방법으로 수학을 묘사하도록 다양한 방면에 대해 충분히 이해해야 한다. 또한, 전체 수학 교육과정에 비추어 그 주제가 어디에 연계되는지 알아야 한다. 그리고 학생들의 생각이 어디에서부터 오며, 추후 학습에서는 학생들이 수학적으로 어디로 향해 나아갈지도 알아야 한다.

이러한 일들을 수학적으로 수행하는 것이 무리한 요구로 들릴 수도 있다. 그러나 교사가 폭넓게 수학적으로 이해해야 학생들을 잘 인도하고 학생들이 순조롭게 학습할 수 있도록 다양하게 지도할 수 있게 된다.

「필수 이해 시리즈」가 어떤 도움이 되는가?

「필수 이해 시리즈」는 여러분이 지도하는 내용에 대한 지식을 강화시키도록 수학에 대하여 철저히 점검할 수 있는 기회를 제공한다. 이 책들은 학생들에게 사용할 수 있는 자료를 직접적으로 제공하지도 않을뿐더러, 학급 관리나 가르치는 방식, 또는 평가 기법들을 다루지도 않는다. 그 대신 이 책들은 수학적 내용에 관한 주제들, 즉 수업을 준비할 때 필요한 아이디어와 이해, 수업 지도, 학생들과의 일대일 상호작용, 그리고 평가에 대해 집중적으로 다룬다.

저자들이 주제에 어떻게 접근하고 있는가?

저자들은 각 주제에 대해 “핵심 아이디어(big ideas)”와 “필수 이해(essential understandings)”로 구분하고 있다. 핵심 아이디어는 하나의 수학적인 주제에 중심이 되고 비교적 작으면서 많은 수학적 아이디어들을 묶어 일관성 있게 하나로 연결하는 광범위한 개념의 중요한 수학적 진술이다. 이 책에서 각각의 핵심 아이디어들과 관련된 비교적 작고 구체적인 주제들을 **필수 이해**라고 부른다. 저자들은 핵심 아이디어들의 특징적인 측면들을 부각하고 이에 대한 풍부한 증거를 제공한다.

핵심 아이디어들은 수학에 있어 매우 큰 가치를 가지고 있다. 서로 관련된 필수 이해들을 꾸준히 연구함으로써 매우 압축된 진술문의 힘과 가치를 느낄 수 있을 것이다. 다수의 이런 작은 개념들을 완벽히 이해하고 이를 통해 핵심 아이디어들에 접근하는 것은 여러분의 지적 자산과 수업의 가능성들을 상당히 증대시켜 줄 것이다.

교사의 역할 중의 하나로 수학적 아이디어를 연구하면서, 여러분은 아마도 이런 필수 이해들이 학생들에게 어려운 주제들 중 하나를 제시하기 위하여 교사에게 필요한 이해의 핵심이라는 것을 알아차렸을 것이다. 이런 필수 이해라는 수학적 조각들이 모여 핵심 아이디어를 구성하기 때문에 이를 잘 아는 것이 매우 중요하다.

이 책들은 어떻게 구성되어 있는가?

「필수 이해 시리즈」의 모든 책들은 같은 구조를 가지고 있다.

- 서론에서는 개요와 특정 주제들을 선정한 이유들을 설명하며, 교사들과 학생들이 알아야 하는 것의 몇 가지 차이점들을 강조한다.
- 1장은 이 책의 핵심이며, 핵심 아이디어들과 그에 관련된 필수 이해들을 구분하여 검토하였다.
- 2장에서는 1장에서 다룬 개념들을 각 학년에서 나오는 수

학적 개념들이나 학생들이 선수나 후속으로 수학을 공부할 때 마주칠 다른 수학적 개념들과의 관련성을 고려하여 살펴본다.

- 3장에서는 개념들을 다루면서 나온 주제들에 관련된 필수적인 개념들을 이해하는 데 겪는 학생들의 어려움들을 다루는 것으로 마무리 짓는다. 그리고 학생들의 사고 발달을 분석하고, 학생들의 이해도를 평가하며, 그들에게 주제들을 제시할 수 있게 안내한다.

1장에는 핵심 아이디어들과 필수 이해들을 논의하는 가운데 "생각해보기"라고 분류된 질문들을 군데군데 넣었다. 읽으면서 잠시 멈춰 이것들에 대해 스스로 생각해 보거나 동료들과 논의해보는 것이 중요하다. 자료들에 이러한 방식으로 접근하는 것은 이 책을 읽는 경험을 참여적이고 상호적이며 역동적이게 할 수 있을 것이다.

생각해보기 질문들은 같은 지역 교사들이나 온라인상에 연결된 같은 학군의 교사들, 그리고 나아가 시 전체의 교사들과의 대화의 주제가 될 수 있을 것이다. 그러므로 이 생각해보기 질문들과 관련해서는 교사들이나 예비교사들이 개인이나 집단으로 대학 수업 혹은 그 이후에 공식적 또는 비공식적 경험을 위한 도구로써 이 책을 사용하는 경우가 더 많아지도록 할 것이다.

새로운 관점

「필수 이해 시리즈」는 교사에게 폭넓고 깊은 수학적 이해를 지원함으로써 학생들이 다양한 방법으로 도움을 받을 수 있게 하기 위한 것이다. 논의되는 수학과, 교육과정 상 학생들이 이전과 이후에 배우게 될 수학의 관련성을 고려함으로써 이 책은 흔치 않은 깊이와 학교수학의 수직적 연계성에 대한 통찰력을 제공한다.

이 시리즈는 「학교 수학을 위한 원리와 규준(Principles and Standards for School Mathematics)」(NCTM, 2000), 「유아·유치원

에서 8학년까지의 교육과정 초점 사항 : 추론과 이해(Curriculum Focal Points for Prekindergarten through Grade 8 Mathematics: Reasoning and Sense Making)」(NCTM, 2009), 그리고 「내비게이션(Navigations) 시리즈」(NCTM, 2001-2009)의 배경과 대비하여 진술하고 있다. 이 새로운 책들은 내용-기반 교사의 전문성 발달의 기회를 제공하는 데 중요한 역할을 한다.

다른 출판물들은 차례차례 새로운 책에 살을 붙이고 질을 높이는 데 사용할 수 있다. 이 책을 읽은 후에, 예를 들어, 학생들이 「필수 이해 시리즈」에서 논의된 주제들에 대한 통찰력을 기르도록 직접적으로 할 수 있는 규준 기반 활동들을 「내비게이션 시리즈」에서 골라낼 수도 있을 것이다. 만약 유아·유치원에서 8학년까지를 가르친다면, 「교육과정 핵심 사항(Curriculum Focal Points)」에서 제시한 3가지 중점들을 이용해 여러분의 심층적인 이해를 접목시켜 제시할 자료를 가지고 학생들의 수준에 맞추어 안내할 수 있을 것이다. 그리고 9학년에서 12학년 학생들을 가르친다면, 「고등학교 수학의 초점(Focus in High School Mathematics)」에 나와 있는 것처럼 여러분이 이해한 것을 이용하여 학생들이 수학적 증명이나 이해를 형성할 수 있는 방법들을 풍부하게 할 수도 있을 것이다.

질 높은 이해는 새로운 관점을 제공하며 가르치는 데 있어 새로운 에너지를 불어 넣는다. 우리는 여러분이 이 책을 읽으면서 습득한 이해가 학생들이 그들의 수학적 성공을 확신시켜 주는 주제들을 완벽히 이해하도록 돕는 것을 지원해줄 수 있기를 소망한다.

우리는 이 책의 초기 버전을 검토한 Dale R. Oliver, Shari Reed, Tad Watanabe, 그리고 Jennifer Zahurance에게 특별히 감사를 표한다. 이들의 통찰력과 여러 사람들의 의견들이 저자들의 생각에 많은 영향을 끼쳤다.

서론

이 책은 유리수에 대한 아이디어에 초점을 맞추고 있다. 이러한 아이디어는 3~5학년의 수학을 효과적으로 가르치기 위해 교사가 충분히 이해해야 하고 유연하게 사용할 수 있어야 하는 것이다. 이 책은 초등학교 교육과정에서 주로 다루는 여러 가지 수학적 아이디어에 대해 논의하며, 교사는 자신의 학생들이 학습할 수학을 깊이 있게 탐구하고 그 이상으로 확장하도록 스스로에게 동기를 부여한 다양한 수학 경험을 가지고 있다고 가정한다.

이 책은 교사가 이러한 아이디어에 참여할 수 있도록 설계되었고, 유리수의 복잡성을 반영하여 수업을 계획하고 실행하며 학생들의 학습을 평가하도록 이끄는 이해를 교사가 개발할 수 있도록 도와줄 것이다. 유리수에 대한 아이디어를 깊고 풍부하게 이해하는 것은 학생들이 학교수학의 경험 전반에 걸쳐 접하였고 앞으로도 지속적으로 접하게 될 수학에 이러한 아이디어가 어떻게 스며들어 있는지를 보여줌으로써, 그 영향력과 범위에 대해 학생들과 소통할 수 있도록 해 준다.

이러한 연구로부터 교사가 얻게 되는 유리수에 관한 이해는 「학교수학을 위한 원리와 규준」(NCTM, 2000)에 제시된 비전을 뒷받침한다. "모든 학생이 높은 수준의 흥미로운 수학 수업에 참여하는 교실, 학교 또는 학군을 상상하자"(p. 3). 이 비전의 성취는 "전문가로 끊임없이 성장하고 있고"(p. 3), 수학을 이해하며 학습하도록 도울 수 있는 의미 있는 경험에 학생을 일상적으로 참여시키는 교사에게 달려있다.

왜 유리수인가?

NCTM의 「필수 이해 시리즈」의 모든 책에 제시된 주제와 마찬가지로, 유리수는 학생의 학습에 있어서 내난히 중요하지만, 교사가 가르치기에는 도전적인 학교수학의 주요 영역이다. 3~5학년 학생들이 이후의 수학 학습에서 성공하기 위해서는 유리수를 잘 이해해야 한다. 학생들은 종종 유리수에 대한 아이디어와 관련하여 어려움을 겪는다. 예를 들어, 유리수(rational number)와 분수(fraction)는 어떠한 관계가 있는가? 많은 학생들은 유리수와 분수를 같은 것으로 오인하고 있다. 유리수의 중요성과 유리수를 잘 이해하는 것의 어려움 때문에 3~5학년의 교사들에게 있어서 유리수를 매우 잘 이해하는 것은 필수적이다.

3~5학년의 수학 교사로서 해야 할 일은 교사, 학교, 학군 및 해당 주의 교육과정에서 학생들이 유리수에 관해 학습하기를 기대하는 수학을 견고하게 이해하는 것이다. 또한 교사는 이러한 수학이 실제 수업에서, 현 학년과 앞으로의 학년에서 학생들이 배울 다른 수학적 아이디어와 어떻게 관련되는지 알아야 한다. 풍부한 수학적 이해는 수업에서 과제 선정하기, 질문하기, 자료 선택하기, 시간에 따라 주제와 아이디어 순서 짓기, 학생 활동의 질을 평가하기, 학생의 사고를 자극하고 도울 수 있는 방법 고안하기와 같이 교사가 해야 하는 많은 부분에서 교사의 의사결정을 안내한다.

유리수를 이해하기

교사가 수학을 가르치는 이유는 다른 사람들이 학교, 직장, 삶에서 성공하고 만족할 수 있는 방법으로 수학을 이해하기를 바라기 때문이다. 교사는 학생들이 유리수에 대해 탄탄하고 지속적인 이해를 개발하도록 돕기 위해 수학을 깊이 있게 이해해야 한다. 그렇다면 이것은 무엇을 의미하는가?

유리수와 같은 수학 영역을 이해한다는 것이 어떠한 사실을 알고, 특정한 유형의 문제를 해결할 수 있으며 관련된 어휘에 능통하다는 것으로 생각하기 쉽다. 예를 들어, 초등학교 고학년 교사는 "범자연수[1] 집합은 유리수의 부분집합이다"와 같은 사실을 알고 있을 것이다. 또한 교사들은 분수의 곱셈에 관한 문

1) [역자 주] 범자연수(whole numbers) : 0과 자연수(natural numbers)

제 또한 능숙하게 해결할 수 있으리라 기대된다. 교사가 사용하는 수학 어휘에는 **분수**, **유리수**, **역수**(reciprocal), **최소공통분모**(lowest common denominator)와 같은 용어가 포함될 것이라고 추정된다.

물론 특정한 유형의 문제를 해결하기 위한 사실, 어휘, 테크닉이 교사가 유리수에 관하여 알고 있을 것이라고 기대하는 전부는 아니다. 예를 들어, 교사는 측정으로서의 유리수와 몫으로서의 유리수 간의 차이를 아는 것과 같이 유리수에 대한 다양한 의미를 구분해야 한다는 것을 학생과의 활동을 통해 확실히 알게 된다.

3～5학년의 모든 수학교사들이 유리수에 대해 알고 있어야 하고, 가르쳐야 하는 수학적 아이디어의 매우 긴 목록에 초점을 맞추는 것은 쉽다. 교육과정 개발자들은 종종 그러한 목록을 개발하고 제시한다. 하지만, 개별적인 항목들이 중요할 수 있어도 이러한 목록들은 주제에 대한 풍부한 이해의 본질을 담아낼 수 없다. 유리수를 심도 있게 이해하기 위해서는 중요한 수학적 아이디어를 아는 것뿐만 아니라 어떻게 이러한 아이디어들이 서로 관련되는지 인식해야 한다. 교사의 이해는 새로운 아이디어를 수용하고 익숙한 아이디어를 새롭게 연결하는 경험과 기회를 통해 계속 성장해 나간다.

뿐만 아니라 유리수에 대한 교사의 이해는 학생에게 지도해야 할 내용을 뛰어넘어야 한다. 교사가 알아야 하는 것과 학생들이 학습하기를 기대하는 것 사이의 차이점 중 일부는 쉽게 설명할 수 있다. 예를 들어, 교사는 이 주제에 대하여 유리수와 무리수(irrational number)가 어떤 점에서 서로 관련되는지를 포함하여 이해하고 있어야 하는데, 이것은 학생들이 아직은 이해할 수 없지만 나중에 접하게 될 수학이다.

교사가 알아야 하는 이해와 학생들이 학습하기를 기대하는 이해 사이의 또 다른 차이점은 덜 명확하지만, 교사는 교실에서 겪는 경험을 통해 그 차이점을 어느 정도 알게 된다. 유리수를 제대로 이해함으로써 예기치 못한 학생의 수학적 질문이나 주장의 가치를 알아볼 수 있게 된 것에 얼마나 많이 고마움을 느꼈는가? 또한 지식이 부족하여 그러한 기회를 놓치거나 충분한 이점을 활용하지 못하고 실패할 수도 있다는 것에 대해 얼마나 많이 생각해왔는가?

교사가 거의 확실히 알고 있듯이, 교실에서는 친숙한 수학을 알고 할 수 있는 것만으로는 충분하지 않다. 교사도 새로운 주장을 밝혀내고 정당화하거나 반박할 수 있어야 한다. 이러한 주장과 정당화를 하기 위해서는 학생의 수학 경험과 현행 교육과정 상의 기대 수준을 능가하는 아이디어나 기법을 필요로 할 수도 있다. 예를 들어, 교사는 자주 제기되는 잘못된 주장인 모든 비(ratio)가 분수라는 주장에 대해 반박해야 할 수도 있다. 또는 0과 1 사이에 있는 두 분수를 곱한 값이 왜 각각의 값보다 더 작은지를 학생들에게 설명해야 할 수도 있다.

핵심 아이디어와 필수 이해

유리수에 대한 이해를 풍부하게 해 주는 많은 특정한 아이디어에 대하여 생각하는 것은 부담스러운 과제일 수 있다. 그러한 수학적 아이디어 전부와 그 사이의 연결성을 설명하기 위해서는 여러 권의 책이 필요할 것이다. 저자들은 이 책에 어떤 아이디어를 포함시킬지 결정하기 위하여 핵심적인 질문을 고려했다. 효과적인 수업을 위해 3~5학년을 가르치는 교사들이 유리수에 대해 **필수적으로** 알아야 하는 것은 무엇인가? 이 질문에 대답하기 위하여 저자들은 다양한 자료를 수집했는데, 여기에는 수학 학습 및 교수에 관한 연구, 수학 및 수학 교육 분야 동료들의 전문 지식, 검토위원 및 전문성 개발자의 반응, 교육과정 자료에서의 아이디어뿐만 아니라 개인적인 경험까지 포함된다.

그 결과, 이 책의 수학 내용은 유리수에 대해 교사들이 필수적으로 알아야 할 내용에 초점을 맞춘다. 특히 1장은 이러한 수학의 중요한 영역과 관련된 4가지 핵심 아이디어를 중심으로 정리되어 있다. 각각의 핵심 아이디어는 이 책에서 **필수 이해**

라 부르는 더 작고, 보다 구체적인 수학적 아이디어에 의해 뒷받침된다.

교수, 학습, 평가를 위한 이점

유리수를 이해하는 것은 교사가 「학교수학을 위한 원리와 규준」에 명시된 교수 원리를 실행하는 데 도움이 된다. 이 원리는 수업을 위한 상위 규준을 정한다.

> 수학을 효과적으로 가르치려면, 학생들이 무엇을 알고 있으며 어떤 것을 학습할 필요가 있는지에 대해 이해하여야 하며 학생들이 수학을 잘 학습할 수 있도록 격려하고 뒷받침해야 한다(NCTM, 2000, p. 16).

유리수를 가르치기 위해서는 수학에서 다른 중요한 주제를 가르치는 것과 같이 "일반적인 예비 수학 과정에서 대부분의 교사들이 경험하는 것을 뛰어 넘는(p. 17)" 지식이 필요하다.

1장은 이러한 관점에서 유리수에 대한 개요를 제공한다. 이는 이 주제에 관해 교사가 지금껏 접해왔을 여러 가지 논의보다 더욱 집중적이고 포괄적이다. 이 장은 교사의 이해를 보완하고 강화하기 위한 목적으로 유리수와 관련된 핵심 아이디어와 필수 이해를 열거하고 설명하며 그에 대한 예를 제공한다. 따라서 1장의 목적은 교사가 학생들에게 유리수를 탄탄하게 학습하게하기 위해 필요한 지지와 도전을 제공하면서 교수 원리를 충분히 실행할 수 있도록 준비시키는 것이다.

이러한 방식으로 교사의 이해를 통합하는 것은 「원리와 규준」에 드러난 학습 원리를 실행하도록 교사를 준비시키기도 한다.

> 학생들은 경험과 이전의 지식을 바탕으로 새로운 지식을 능동적으로 구성함으로써 수학을 이해하면서 학습해야 한다(NCTM, 2000, p. 20).

학생들이 이러한 방식으로 유리수를 학습하도록 돕기 위한 교사의 노력을 지지하기 위하여, 2장은 핵심 아이디어와 필수 이해를 학생들이 학교에서 통상적으로 직면하는 수학과 연결되는 구체적인 방법을 보여줌으로써 1장에서 제시한 유리수에 대한 이해를 기반으로 한다. 이 장은 학생들이 유리수를 학습할 때 장기적인 연결을 강조함으로써 학습 원리를 뒷받침한다. 예를 들어, 학생들의 수학 경험이 확장됨에 따라, 분수와 소수 사이의 연결에 대한 이해가 점진적으로 발달되고 필요에 따라 동치 표현을 사용하는 데 유창해진다.

1장과 2장에서 제시하는 이해는 교수의 또 다른 중요한 영역을 강화시킬 수 있다. 3장에서 이러한 영역을 다루는데 1장과 2장을 기반으로 하여 학생의 유리수에 대한 이해를 평가하기 위하여 적절한 과제, 기술, 도구를 선정하고 개발하는 데 교사가 가지고 있는 유리수에 대한 이해가 어떻게 도움이 되는지 보여준다. 유리수에 관한 핵심 아이디어와 필수 이해는 그 아이디어를 가지고 학생의 과거와 미래의 경험을 이해하면서 강화되고 교사로 하여금 교실에서 이루어지는 평가가 유의미한 수학 학습을 돕는다는 것을 확신하게 하는 데 도움이 될 수 있다.

그러한 평가는 「원리와 규준」에 제시된 평가 원리의 첫 번째 조건을 만족시킨다.

> 평가는 중요한 수학의 학습을 뒷받침해야 하며 교사와 학생 모두에게 유용한 정보를 제공해야 한다(NCTM, 2000, p. 22).

또한 교사가 유리수를 이해함으로써 학생들이 생각하고 있는 것과 이해하는 것에 대한 구체적인 정보를 제공하는 평가 과제를 개발할 수 있게 하고, 이는 평가 원리의 두 번째 조건을 만족시키는 데 도움이 될 수 있다. 예를 들어, 다음의 과제는 학생들로 하여금 분수로 표현된 양은 단위(unit)의 크기에 상대적이라는 아이디어를 생각하게 한다.

아래의 선분 AB를 살펴보시오.

선분 AB가 다음을 나타낼 때, 단위 길이 1을 나타내는 선분을 그려보시오.

a. $\frac{1}{3}$단위　　b. $\frac{2}{3}$단위　　c. $1\frac{1}{2}$단위

시작할 준비하기

서론은 1장에서 접하고 탐구하게 될 유리수에 관한 핵심 아이디어와 필수 이해에 교사를 준비시키면서 그 배경을 제시하였다. 각 장을 순서대로 읽는 것이 이 책에 접근하는 매우 유용한 방식이 될 것이다. 1장은 생각하는 시간을 가지고 한 번 이상 읽어보기를 권한다. 유리수와 관련된 핵심 아이디어와 필수 이해의 아이디어를 받아들인 후 이러한 아이디어 사이의 연결을 알아볼 수 있다. 그런 다음 새롭게 이해한 것이나 견고하게 이해된 것을 가지고 2장으로 넘어가면, 유리수에 관한 아이디어가 학생들이 학교에서 이전에 직면했거나 이후에 직면하게 될 수학에 어떻게 연결되는지 이해하도록 안내할 것이다. 그 다음 3장에서 교수, 학습 및 평가에 관한 내용을 읽어볼 수 있다.

대안적으로 1장과 2장의 수학적 아이디어를 읽기 전에 3장을 먼저 살펴볼 수도 있다. 교수, 학습 및 평가의 도전을 분명히 염두에 두고, 그것들에 대한 가능한 접근 방법과 더불어, 1장과 2장의 자료에 대한 다른 관점을 제시할 수 있다.

이 책을 어떻게 읽던지 간에, 유리수에 대한 교사의 이해, 적용, 그리고 즐거움을 확장하는 데 도움이 되기를 바란다.

제1장

유리수 : 핵심 아이디어와 필수 이해

왜 유리수에 관한 책을 쓰는가? 교육과정은 많은 시간을 할애하여 소수(decimal)와 분수를 다루었으나, 교사와 학생 대부분은 일반적으로 이러한 수에 관한 아이디어와 기능을 어려워한다. 이 책은 분수와 소수 형태의 유리수 그리고 유리수와 백분율(percent)의 관계를 탐구한다. 특히 분수에 초점을 두고, 유리수가 어떻게 발달되었으며 무엇을 의미하는지, 또한 어떻게 작용하고 일상생활에서 어떻게 사용되는지를 살펴보면서 3～5학년 교사들이 이해해야하는 아이디어를 강조한다.

4개의 핵심 아이디어와 이에 관한 필수 이해는 이 책에서 유리수를 논의하는 틀이 된다. 이러한 핵심 아이디어와 필수 이해는 아래에 간략한 개요로 제시하여 나중에 다시 참고하기 쉽도록 하였다. 그러므로 지금 주의 깊게 읽어 보되 이 시점에서 완전히 이해해야 한다고 생각할 필요는 없다. 이 장에서 각각을 차례대로 상세하게 논의할 것이다.

Big idea

핵심 아이디어 1. 범자연수에서 유리수로의 확장은 좀 더 강력하고 복잡한 수 체계를 만든다.

필수 이해 1a. 유리수는 수를 사용하는 방식이 자연스럽게 확장된 것이다.

필수 이해 1b. 유리수는 b가 0이 아닐 때 두 정수(integer)의 몫인 $a \div b$로 쓸 수 있는 수뿐만 아니라 범자연수와 정수를 포함하는 수 집합을 말한다.

필수 이해 1c. 유리수는 범자연수나 정수만으로는 해결할 수 없는 문제를 해결할 수 있게 해준다.

Big idea **핵심 아이디어 2.** 유리수는 다양한 의미를 가지며, 이를 이해하는 것은 단위를 식별하는 데 달려 있다.

필수 이해 2a. 단위 개념은 유리수의 의미에서 기본이다.

필수 이해 2b. 유리수는 전체-부분 관계로서의 의미를 가진다.

필수 이해 2c. 유리수는 측정(measure)으로서의 의미를 가진다.

필수 이해 2d. 유리수는 몫(quotient)으로서의 의미를 가진다.

필수 이해 2e. 유리수는 비(ratio)로서의 의미를 가진다.

필수 이해 2f. 유리수는 연산자(operator)로서의 의미를 가진다.

필수 이해 2g. 단위 개념은 범자연수에서 유리수로 확장되면서 더욱 복잡해진다.

Big idea **핵심 아이디어 3.** 모든 유리수는 동치 관계에 있는 무한히 많은 기호 형태로 표현될 수 있다.

필수 이해 3a. 모든 유리수는 무한히 많은 방법을 통해 분수로 표현될 수 있다.

필수 이해 3b. 임의의 두 유리수 사이에는 무한히 많은 유리수가 존재한다.

필수 이해 3c. 유리수는 소수로 표현될 수 있다.

Big idea **핵심 아이디어 4.** 유리수 계산은 범자연수 계산이 확장된 것이지만, 몇 가지 새로운 아이디어와 과정이 도입된다.

> 필수 이해 4a. 유리수 연산의 의미는 본질적으로 범자연수와 같지만, 일부 의미는 조정이 필요하고 알고리즘이 서로 다르다.
> 필수 이해 4b. 어림과 암산은 범자연수보다 유리수에서 더욱 복잡하다.

정확한 용어는 수학의 중요한 측면인데, 이 책에서도 그렇다. 만약 nail이란 단어를 사용하여 문장을 만들어보게 했다고 가정하자. 당신이 만든 문장에서 nail이란 단어는 "망치로 못(nail)을 정확히 내리쳤다"나, "뚜껑을 따다가 손톱(nail)이 부러졌다"에서처럼 사용되었는가? 아니면 둘 다 아닌가? 이와 같은 예는 우리 모두에게 친숙한 무언가를 묘사하고 있다. 즉, 다양한 단어들은 여러 가지 의미를 가지고 있으나, 보통 우리는 특정 맥락에서 어떤 의미로 사용할 것인지 결정할 수 있다.

이러한 사실이 놀라울 수도 있지만 많은 수학 용어 또한 맥락에 따라 서로 다른 의미를 가지고 있다. 이 책에서는 **분수**, **백분율**, **비율**(rate), **단위**와 같은 단어를 다루는데, 이것들 모두 수학에서 다양한 의미를 가지고 있다. 이 책에서는 그 의미를 분명히 하기 위하여 형식적인 정의뿐만 아니라 설명, 맥락, 예도 더불어 제공하고 있다.

동일한 단어가 서로 다른 의미로 사용되는 것 이외에 동일한 것을 의미하기 위하여 다른 단어가 사용되기도 한다. 예를 들어, 일부 사람들이 **유리수**와 **분수**를 서로 바꿔서 사용한다는 사실에 대해 생각해보자. 하지만 이들 용어는 같은 것이 아니다. 필수 이해 1b를 논의할 때 이러한 두 용어를 형식적으로 정의할 것이다. 하지만 그때까지는 모든 유리수를 분수 형태로 나타낼 수 있다는 것에 단순히 주목하도록 한다. 그럼 분수의 역사와 쓰임을 살펴보면서 유리수에 관한 연구를 시작해보자.

핵심 아이디어 1

수의 사용을 확장하기

Big idea

범자연수에서 유리수로의 확장은
좀 더 강력하고 복잡한 수 체계를 만든다.

왜 분수까지 다루어야 하는지에 대해 궁금했던 적이 있는가? 우리는 분수를 제거하자는 주장을 가끔 들어왔다. 이러한 주장은 특히 분수를 계산해야 할 때 분수로 인해 혼란을 겪는 사람들로부터 주로 나온다. 많은 사람들은 그들의 시각에서 분수를 "제거하기 위하여" 단순하게 미터법으로 전환하는 것을 지지해왔다. 이러한 혼란은 어느 정도 이해할 만하다. 분수에 관한 개념들이 범자연수를 이해하는 데 필요한 것들에 비하여 좀 더 미묘하고 어려운 것은 사실이다. 그럼에도 불구하고 분수를 제거하자는 주장은 헛된 것이다. 분수는 불가피한 것이다. [생각해보기 1.1]은 이에 딱 들어맞는 사례를 제공한다.

생각해보기 1.1

어떤 수에 6을 곱하였더니 42가 되었다. 어떤 수는 무엇인가?
앞의 문제에서 첫 번째 문장을 "어떤 수에 6을 곱하였더니 32가 되었다"로 바꾸었다고 가정하자. 이제 어떤 수는 무엇인가?

대수 맥락에서 제시되는 비례 추론에 관한 아이디어들은 「비-비례-비례 추론의 필수 이해 : 6학년~8학년까지」(Lobato & Eliis, 2010)에서 더욱 심도 있게 논의된다.

[생각해보기 1.1]은 분수의 필요성을 제시한다. 문제의 매우 작은 변화로 인하여 범자연수로 문제를 해결할 수 있는 가능성이 없어졌다. 사실 6의 배수인 수만이 범자연수가 답이 되게 한다. 다른 모든 수들은 문제를 해결하기 위하여 추가적으로 유리수를 필요로 한다.

분수는 우리 생활의 일부이다. 아마도 이에 대한 가장 강력한 이유는 대수적 기능이 모든 학생들에게 필요하다는 신념으로부터 나왔을 것이다. 특히 대수 학습은 분수를 이해하지 않고서는 불가능하다. 대수 맥락에서 제시되는 비례 추론(proportional reasoning)에 관한 중요한 아이디어 외에도(Lobato & Ellis (2010) 참고) 대수의 거의 대부분 예들은 분수로 표현되며, 이러한 표현 모두를 잘 다루기 위하여 우리는 분수에 관한 지식을 가져야 한다.

비록 분수가 언급될 때마다 심장이 두근거리기 시작한다 해도, 분명히 어느 수준에서는 분수가 편할 것이다. 분수는 우리의 일상에 꾸준히 등장한다. "거기에 가려면 $3\frac{1}{2}$시간이 걸린다", "밀가루 $\frac{2}{3}$컵이 필요하다", "오늘만 $\frac{1}{2}$할인", "이것을 고치려면 $\frac{5}{8}$인치 스패너가 필요하다", "$7\frac{1}{2}$인 신발 있습니까?, 7은 딱 맞는군요" 일상생활에서 사용되는 이와 같은 분수 목록은 계속 이어나갈 수 있지만, 훨씬 덜 분명한 몇 개의 공통적인 쓰임을 생각해볼 수 있다. 예를 들어, 오늘 출근을 어떻게 했습니까? 운전했나요, 자전거를 탔나요, 대중교통을 이용했나요? 아니면 걸어갈 수 있을 만큼 가까이 살고 있나요? 고속도로에서 65mph, 시내에서 30mph, 자전거로 12mph, 도보로 2mph와 같이 모든 경우에서 어떤 비율의 속력으로 이동했을 것이다. 얼마나 빠르게 이동했는지 알아보려면 분수를 사용할 가능성이 매우 높다. 예를 들어 속력 65mph는 1시간에 65마일의 약자이며, 분수 $\frac{65\text{마일}}{1\text{시간}}$을 또 다른 방식으로 표현한 것이다. 분수를 제거하는 것이 불가능하다는 것을 계속하여 정당화할 수도 있지만, 보다 중요한 것은 핵심 아이디어 1에 특징화된, 강력하지만 복잡한 유리수 체계에 관한 필수 이해를 살펴보는 것이다.

1) 세기부터 측정까지

필수 이해 1a. 유리수는 수를 사용하는 방식이 자연스럽게 확장된 것이다.

여기까지 어떻게 왔는가? 왜 분수가 개발되었는가? 분명히 분수는 대수나 시간당 마일을 사용한 속력 계산 이전에 존재했다. 분수와 유리수를 더욱 잘 이해하기 위하여 이러한 아이디어가 역사적으로 어떻게 발달되어 왔는지 살펴보는 것이 유용하다. 자연수(natural number)는 세는 것이 필요하여 생겨났다. 대상을 세는 것은 모든 사회에서 자연스러운 활동이다. 하지만 모든 사회에서 이러한 수를 나타낼 수 있는 추상적인 기호를 가지고 있지는 않다. 일부 사회는 대상을 가지고 센다. 예를 들어 양을 세기 위하여 양치기는 자갈과 양을 일대일 대응으로 모으는데, 자갈이 양의 수를 기록한 것이다. 파푸아뉴기니의 파이엘라(Paiela) 부족이나 남아메리카의 파라과이 부족과 같은 또 다른 사회에서는 큰 수가 필요하지 않기 때문에 "신체를 이용한 세기(body counting)"를 사용한다. 즉, 신체의 부분을 나타내기 위해 사용하는 언어가 수치적인 값도 나타낸다. 수를 나타내기 위해 단순히 신체 부분을 가리킬 수도 있다(Schmandt-Basserat, 1999).

대부분 문화에서의 수 표현은 아라비아 수 체계만큼 광범위하고 완전하지 않다. 많은 문화에서 십이나 자릿값을 기반으로 하지 않는다. 많은 북미 원주민은 독립적으로 수 체계를 개발했는데, 이것은 (손가락과 발가락을 모두 세는 것으로부터 개발된) 20진법의 체계와 매우 비슷하며, 매우 큰 양을 위한 수를 필요로 하지 않기 때문에 대체로 유한이다. 미국 중서부의 위니바고(Winnebago) 인디언은 1,000,000까지의 양에 관한 수를 사용해왔다. 이보다 큰 양에 대해서는 "나무의 잎들", "하늘의 별", "대초원의 풀잎", "호수의 모래"와 같은 은유적인 용어를 사용했다(Eels, 1913). 여러 에스키모 부족들은 외부 세계와 접촉하기 전에 20이 넘는 양을 지칭하는 수 언어를 가지고 있지 않았다. 또한 많은 아프리카 부족들, 특히 호텐토트인들(Hottentots)은 5 이상의 수를 가지고 있지 않았으며, 큰 수에 대해서는 "많이"라는 용어를 사용했다. 이러한 예를 통해 수는 문명화로 인하여 개발되었음을 알 수 있다. 만약 무역과 문화 간 교류가 거의 없는 수렵과 채취를 하는 사회라면 큰 수가 필요하지 않을 것이다. 또한 수의 연산 역시 대부분 개발되지 않았을 것이다(Crawfurd, 1863).

타문화와 무역 및 교류를 한 문화는 더욱 정교하고 강력한 수 체계를 창안했다. 하지만 현대의 아라비아 수 체계가 즉석에서 생겨난 것은 아니다. 0의 개념조차도 그리스가 (원시적인) 십진 체계를 사용하기 시작한 이후 몇 백 년 동안 개발되지 않았다. 0의 개발은 인도의 힌두교 신자에 의해 이루어진 것이다(Bourbaki, 1998). 영화의 마지막 부분에 출연진들의 이름을 언급하는 크레디트에서 볼 수 있는 로마 수 체계는 다른 동시대의 맥락 가운데 0을 결코 가지고 있지 않았다. 요약하면, 수 체계는 문화권별로 매우 다양하며, 사회에서 **세기**의 필요성으로 생겨났다.

세기에 사용된 동일한 수는 거리, 시간, 부피, 그 밖의 속성을 수량화하기 위하여, 즉 **측정**하기 위하여 사용되었다. 대충 이루어지는 측정은 범자연수를 사용하여 이루어질 수 있지만, 문화가 점점 진보되고 숙련되며 서로 연결될수록 측정이 더욱 정교하게 이루어질 필요가 있다. 시간이 흘러 이것은 범자연수로는 더 이상 할 수 없는 수 체계의 창안으로 이어진다. 현대의 일상적인 경험은 이러한 발달을 매우 쉽게 이해하도록 한다. 예를 들어, 배수관이 부러져 교체해야 할 때 길이가 $1\frac{5}{8}$피트인 관이 필요하다면 이 값이 1피트나 2피트 모두를 만족시키지 않는다는 것을 금방 발견할 것이다. 분수는 그러한 수를 나타내기 위하여 생겨났다. 하지만, 이것은 하룻밤 사이에 이루어진 것이 아니다. 매우 숙련된 이집트와 같은 일부 사회에서는 분자가 1

범자연수에서 유리수로의 확장에 대한 이러한 아이디어를 더 알아보고 싶다면 「수와 기수법의 필수 이해 : 유아·유치원~2학년까지」(Dougherty 외, 2012)를 참고하시오.

인 **단위 분수**(unit fraction)만을 쓴다. 또 다른 사회에서는 보통 모든 분수를 다루는 것이 아니라, 특정한 분수만을 다룬다(Filep, 2001).

중요한 아이디어는 측정을 정교하게 할 필요성이 증가함에 따라 자연수가 아닌 수(non-counting numbers)가 요구되고, 분수의 발현이 불가피해졌다는 점이다. 이러한 변화로 인하여 질문의 유형도 "몇 개"(몇 마리의 양을 가지고 있는가?, 몇 마리의 고기를 잡았는가?, 몇 번이나 실험을 반복할 예정인가?)에서 "얼마나"(저 물통에는 물이 얼마나 들었는가?, 천이 얼마나 필요한가?, 과제를 해결하는 데 시간이 얼마나 걸리는가?)로 확장되었다.

Big idea

핵심 아이디어 2
유리수는 다양한 의미를 가지며, 이를 이해하는 것은 단위를 식별하는 데 달려 있다.

분수의 사용은 측정 이외에서도 많이 발달해왔다. 그 밖의 분수 사용은 이 책을 통하여, 특히 핵심 아이디어 2와 연결하여 논의할 것이다.

2) 유리수를 정의하기

필수 이해 1b. 유리수는 b가 0이 아닐 때 두 정수의 몫인 $a \div b$로 쓸 수 있는 수뿐만 아니라 범자연수와 정수를 포함하는 수 집합을 말한다.

필수 이해 1a
유리수는 수를 사용하는 방식이 자연스럽게 확장된 것이다.

우리가 사용할 용어인 유리수에 대해 좀 더 설명해보자. 필수 이해 1a는 **자연수**라 불리는 **세는 수**(counting number)에 대해 이야기하면서 논의를 시작했다. 세는 수는 {1, 2, 3, …}을 열거하면서 가장 쉽게 정의할 수 있다. 초등학교 교육과정은 이와 같은 친숙한 수 집합을 가지고 시작된다. 우리가 분명히 보았듯이, 적어도 이러한 세는 수의 한 부분집합은 거의 모든 문화의 일부가 된다. 이 집합에 0을 포함시키면 {0, 1, 2, 3, …}이 되고 이것은 **범자연수** 집합이다. 집합의 이러한 수들 각각에 음수를 추가하면 $-0=0$이 되고 그 결과 수 집합 {…, −3, −2, −1, 0, 1, 2, 3, …}은 **정수**가 된다. 이러한 정수는 전통적인 **수직선**의 중요한 벤치마크가 된다([그림 1.1] 참고).

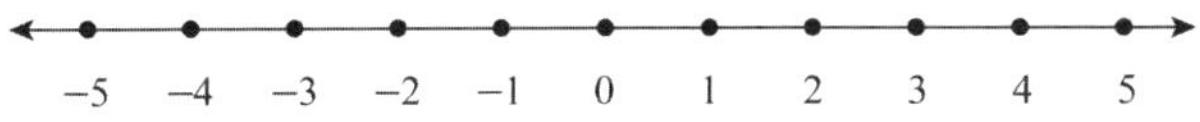

[그림 1.1] 정수를 벤치마크로 사용한 전통적인 수직선

[그림 1.1]의 수직선에서 인접한 정수 사이의 공간에 주목해 보자. 그러한 공간의 대부분은 정수가 아닌 **유리수**로 채워질 수 있다. 유리수는 몫으로 표현되거나, 두 정수의 나눗셈인 $a \div b$를 의미할 수 있는데, 중요한 것은 나누는 수 b가 결코 0이 되어서는 안 된다는 제약이다(b에 대한 이러한 제약은 짧게 논의될 것이다). 이러한 몫은 비로 생각될 수도 있는데, 이와 같은 필수 이해는 학습자가 **유리수**(rational number) 용어의 정의를 기억하는 데 도움이 된다. 유리수는 $\frac{a}{b}$ 형태의 기호로 종종 표현된다. 따라서 $\frac{3}{5}$은 유리수이며 $\frac{1}{3}$, $\frac{2}{6}$, $\frac{657}{100}$, $-\frac{3}{8}$도 마찬가지로 유리수이다. [생각해보기 1.2]는 a, b 또는 $\frac{a}{b}$가 음수일 때, 두 수의 몫인 $\frac{a}{b}$에 대한 질문을 제기한다.

생각해보기 1.2

유리수 $-\frac{6}{10}$, $\frac{-6}{10}$, $\frac{6}{-10}$은 서로 다른가?

유리수 정의에 있어 중요한 특징 한 가지는 두 정수의 몫으로 표현될 수 있는 모든 수가 유리수에 포함된다는 것이다. 예를 들어 $-\frac{6}{10}$은 $\frac{-6}{10}$이나 $\frac{6}{-10}$으로 쓸 수 있다. 따라서 $-\frac{6}{10}$은 유리수이다. 이들은 같은 수를 3가지 약간 다른 형태로 나타낸 것일 뿐이다. 여기서, "~일 수 있다(can be)"는 표현은 모든 범자연수도 유리수라는 것을 의미한다. 예를 들어 7은 $\frac{7}{1}$, 또는 $\frac{21}{3}$로 쓸 수 있다. 더욱 광범위하게 모든 정수 n은

$\frac{n}{1}$으로 쓸 수 있으며, 따라서 모든 정수는 유리수가 된다. 놀랄지도 모르겠지만, 1.45 또한 유리수이다. 비록 1.45가 소수로 표현되었지만 이를 $\frac{145}{100}$(또는 $\frac{29}{20}$, $\frac{435}{300}$)로도 표현**할 수 있다**. 즉, 초등학교와 중등학교에서 전형적으로 다루는 소수와 분수는 유리수를 나타낸다. 유리수임을 밝히기 위한 중요한 검증은 그것이 어떻게 생겼는지가 아니라, (나누는 수가 0이 아닌) 두 정수의 몫의 형태로 쓸 **수 있는지**이다. 수가 복잡해짐에 따라 유리수인지 아닌지 결정하는 것이 더욱 어려워진다. 그러면 다음과 같은 수는 유리수인가?

$$\frac{5\frac{1}{4}}{47\frac{1}{2}},\ 2.333333,\ \sqrt{2},\ \pi,\ \sin 30°$$

이러한 수들 가운데 무엇이 유리수인지는 명백하게 즉각적으로 알 수 있는 것은 아니다. 모든 유리수를 특정한 형태로 나타낼 **수 있다**는 조건을 적용했을 때 위에 제시된 수들 가운데 3개는 유리수가 된다. [생각해보기 1.3]에 제시된 일상 상황은 **유리수** 정의의 서로 다른 요건을 부각시킨다.

생각해보기 1.3

Molly는 최신 사인펜 24개가 담긴 상자 하나를 가지고 있다. 그녀는 사인펜을 어린이집 아이들에게 똑같이 나눠주려고 한다.
한 반에 아이들이 12명 있다면 각각 몇 개의 사인펜을 주어야 하는가? 또 한 반에 6명이라면? 2명이라면? 1명이라면? 0명이라면?

1. 0이 아닌 분모

유리수의 정의에는 많은 사람들이 혼란스러워하는 조건이 포함되어 있다. 분수 형태로 쓰여 있는 유리수의 분모(아래의 수)는 0이 될 수 없다. 이것을 다른 방식으로 0으로 나눌 수 없다고 말할 수도 있다. 이에 대해 “왜 0으로 나눌 수 없는가?”라는 질문을 하는 것은 지극히 자연스럽다. 이 질문에 대한 가장 간단한 답은 대부분의 사람들이 답하는 데 어려움이 없는 또 다른 질문을 함으로써 시작할 수 있다. “14를 2로 나누면 얼마인가?” 여기에서 모든 사람들은 답이 7이라는 것에 동의할 것이다. 이때 왜 답이 7이 되는지에 대한 설득력 있는 설명을 요구한다면 많은 사람들이 “7 곱하기 2는 14이기 때문이다”라고 대답할 것이다. 형식적으로 2를 곱하는 것은 2로 나누는 것의 **역연산(inverse operation)**이기 때문에 이와 같은 설명은 타당하다. 일반적으로 이것은 모든 나눗셈 문제를 곱셈 문제로 다르게 표현할 수 있다는 것을 의미한다. 구체적으로 표현하면, $\frac{a}{b}=\square$는 $\square\times b=a$로 다시 쓸 수 있다. (여러 교과서에서는 이것을 나눗셈에 대한 “미지의 인수(missing factor)” 방법으로 설명한다.) 이제 유리수의 정의로 돌아가서 구체적인 예를 살펴보자. 0으로 나누기 위한 시도를 하고 있다고 가정하자. 답이 얼마가 될까? 이때, $\frac{8}{0}=\square$라는 식을 살펴보자. 이것을 곱셈식으로 다시 쓰면 $\square\times 0=8$이 된다. □는 무엇과 같을까? 모든 수에 0을 곱하면 0이 되기 때문에 0을 곱해서 8이 되는 □의 값은 존재하지 않는다. 이와 같은 불가능을 피하기 위해 0으로 절대 나눌 수 없다고 단순히 말한다. 결과적으로 분모가 0인 유리수를 절대 가질 수 없다. 주의 깊은 독자라면 식 $\square\times 0=8$에서 □를 만족하는 실젯값은 존재하지 않지만, $\frac{0}{0}=\square$와 동치가 되는 식인 $\square\times 0=0$의 □ 값은 존재한다는 것을 이해했을 것이다. 사실 □는 모든 실수(real number)에 대해 곱셈식을 만족한다. 이를 통해 왜 $\frac{0}{0}$은 **부정(indeterminate)**

이고, a가 0이 아닐 때 $\frac{a}{0}$는 **불능**(undefined)이라고 말하는지 이해할 수 있다.

2. 분수를 정의하기

앞서 **분수**라는 용어는 다양한 의미를 가지고 있으며 **유리수**와 동의어가 아님을 언급했다. 지금까지 **유리수**를 정의했기 때문에, 이제 **분수**를 형식적으로 향후 사용하게 될 방식으로 정의하고자 한다. **분수**는 구어로 "조금"의 의미로 사용되는데, "그림을 조금 아래로 이동해주세요"와 같은 지시나 후식을 어느 정도 먹을 것인지에 대해 "일부만 주세요"로 답변하는 경우가 이에 해당한다. 지금까지 **분수**라는 단어는 **유리수**와 교환할 수도 있다고 생각될 만큼 느슨하게 해석되었다. 하지만 **분수**는 다른 의미를 가진다. **분수**는 두 양의 몫으로 표현되는 $\frac{a}{b}$ 형태의 **기호 표현**이다(늘 그렇듯, 나누는 수인 b는 0을 나타낼 수 없다). 따라서 모든 유리수는 $\frac{1}{3}$, $\frac{2}{6}$, $\frac{657}{100}$, $-\frac{3}{8}$과 같이 $\frac{a}{b}$ 형태로 표현될 수 있으며, 이에 따라 모든 유리수는 분수로 인식될 수 있다. 하지만 1.45는 그렇지 않다. 1.45는 분수 $\frac{145}{100}$로 **표현될 수** 있지만 쓰여 있는 형태를 보면 분수라 할 수 없다. **분수**의 이러한 (단순히 $\frac{a}{b}$ 형태의 표현으로서의) 의미는 어떤 것이 분수인지의 여부를 쉽게 결정할 수 있게 한다. 단순히 그것을 보고 결정하면 된다.

유리수 정의에 의해 모든 유리수를 분수로 **쓸 수 있다**. 하지만 반드시 유리수가 **아닌** 중요한 분수가 존재한다. 예를 들어,

$$\frac{\pi}{4},\ \frac{1}{x+3},\ \frac{\sin 45°}{2}$$

는 분수이지만 어떠한 두 정수의 비와 동치가 아니다. ($\frac{\pi}{4}$는

정수 a, b에 대해 $\frac{a}{b}$ 형태로 나타낼 수 없다는 사실을 설명하는 것은 이 책의 범위를 넘어서는 것이다. 이에 관한 증명은 Niven(1947)에 제시되어 있다.) **분수**의 이러한 의미를 통해 대수식 $\frac{1}{x+3}$은 -3을 제외한 모든 x에 대하여 분수임이 틀림없다. 하지만 변수(variable) x값에 따라 이 분수가 유리수일 수도 그렇지 않을 수도 있다. [생각해보기 1.4]는 범자연수의 서로 다른 표현을 어떻게 평가하고 있는지에 관한 질문을 제시한다.

생각해보기 1.4

4는 2×2 또는 51−47 또는 사(four)와 같습니까?

[생각해보기 1.4]의 질문은 언어의 모호성으로 인해 혼란스럽다. "~와 같다"는 것이 무엇을 의미하는가? 4가지 표현 모두가 같은 값을 나타낸다는 것은 분명하지만 완전히 같은 것은 아니다. 식 2×2와 51−47는 모두 결괏값이 4가 되는 연산을 나타낸다. 기호 "4"는 "넷이라는 것(fourness)"을 기술하는 **추상적인 수를 의미하는 숫자**이다. 같은 방식으로 $\frac{1}{3}$은 특정한 유리수를 나타내는 숫자이다.

범자연수에서 수(number)와 숫자(numeral)[2]를 구분하는 것은 혼란스럽고 산만해보일 수 있기 때문에 종종 무시된다. 유사하게, **분수**라는 용어는 분수 형태로 표현되는 유리수를 언급하기 위하여 종종 사용된다. 왜 우리가 분수를 이런 식으로 사용하게 되는지 쉽게 이해할 수 있는데, 이는 모든 유리수는 분수 형태로 나타내어질 수 있기 때문이다. 하지만 이미 지적한 바와 같이 모든 분수가 유리수인 것은 아니다. 이러한 이유로 **분수**

---

2) [역자 주] 수는 개념이지만 숫자는 그 수를 나타내는 모양이다. 예를 들어, 3과 8 중에서 어느 것이 크냐고 할 때 숫자로는 3이 더 크지만 수로는 8이 더 크다.

라는 용어는 $\frac{a}{b}$ 형태의 기호식을 의미하는 것으로 제한한다. 이러한 정의는 $\frac{1}{2}$과 $\frac{2}{4}$는 분명 같은 수를 나타내지만 서로 다른 분수라는 결과를 불러온다. 이 둘은 표준 용어로 **동치 분수**(equivalent fraction)라 하며 문자 그대로 **같은 값**을 나타낸다는 것을 의미한다.

이 책은 분수라는 단어를 제한적으로 사용하는데, 특정한 언급이 없다면 분수란 음이 아닌 유리수를 나타내는 $\frac{a}{b}$ 형태의 기호 표현만을 의미한다.

이 책에서는 일반적인 형태의 **분수**가 아닌 특별히 유리수에 초점을 두고 있기 때문에, 분수라는 용어를 좀 더 제한하여 사용할 것이다. 특정한 언급이 없다면, 이 책의 나머지 부분에서 **분수란 음이 아닌 유리수를 나타내는 $\frac{a}{b}$ 형태의 기호적 표현**을 의미한다. 이러한 정의에는 다음과 같은 덜 일반적인 형태의 분수도 포함된다.

$$\frac{1.2}{5.74},\ \frac{\frac{2}{3}}{\frac{5}{9}}$$

논의 대부분에서는 $\frac{3}{8}$과 같은 간단한 형태의 분수에 초점을 둘 것이다. 하지만 음이 아닌 유리수로 제한을 둔 것을 정당화하자면 학생들은 정수가 도입되기 훨씬 전부터 분수를 학습하기 시작하고, 유리수의 산술 대부분이 음수를 언급하지 않고도 개발될 수 있으며, 유리수에 관한 많은 아이디어는 양의 분수에 관하여 더욱 명확하기 때문이다. 다시 말하면, 거의 예외 없이 **분수**라는 단어는 비표준적인 방식으로 사용될 것인데, 이는 유리수 집합의 부분집합만을 언급하기 위해서 그리고 이와 유사하게 좀 더 광범위하게 정의되는($\frac{a}{b}$ 형태의 모든 몫) 모든 분수의 부분집합을 가리킨다. 하지만 이 책에서 논의되는 분수의 양상과 일반적인 유리수는 음의 유리수로 쉽고 자연스럽게 확장된다.

마지막으로 염두에 둘 것은 **분수**라는 용어의 사용은 전체–

부분으로서의 의미와 같은 분수의 특정한 한 가지 의미만을 암시하지 않는다는 것이다. 핵심 아이디어 2는 여러 가지 다른 의미로 구성된다.

Big idea

핵심 아이디어 2
유리수는 다양한 의미를 가지며, 이를 이해하는 것은 단위를 식별하는 데 달려 있다.

3) 유리수의 닫힘(closure)에 대하여 알아보기

필수 이해 1c. 유리수는 범자연수나 정수만으로는 해결할 수 없는 문제를 해결할 수 있게 해 준다.

이용 가능한 수의 집합을 정수에서 유리수로 확장하면 산술 능력을 신장시킬 수 있다. 이것에 대해 생각해본 적은 없을 것이다. 그러면 수 체계가 어떻게 확장될 수 있을지 알아보자. 범자연수를 이용하여 임의의 두 범자연수를 더하거나 곱하면 그 결과는 또 다른 범자연수가 된다. 예를 들어 $148+5793$의 합과 148×5793의 곱은 범자연수이다. 하지만 이러한 사실이 두 범자연수를 뺄 때 반드시 참이 되지는 않는다. $9421-569$를 계산한 값은 범자연수이지만, $569-9421$은 범자연수가 아니다. 지혁년을 가르칠 때 교사들은 작은 수에서 큰 수를 절대 뺄 수 없다고 (잘못) 말한다. 뺄 수 있는 것은 분명한 사실이지만, 답을 얻기 위해서는 다루는 수의 집합을 범자연수에서 정수로 확장시켜야 한다.

학생들이 형식적으로 가장 마지막에 접하는 산술 연산인 나눗셈을 살펴보면, 두 범자연수나 두 정수를 나눈 값이 또 다른 범자연수나 정수가 되는 경우는 드물다는 것을 알 수 있다. 연산을 수행할 때 주어진 수 체계에서 이루어지는 것을 보장하는 것을 수학 용어로 **닫혀 있다**고 한다. 예를 들어, 범자연수 집합은 **덧셈에 대해서는** 닫혀 있지만 **뺄셈에 대해서는** 닫혀 있지 않다. 위에서 설명한 $569-9421$의 뺄셈을 보면 알 수 있다. 유사하게 정수 집합은 덧셈, 뺄셈, 곱셈에 대해서는 닫혀 있으나 나눗셈에 대해서는 닫혀 있지 않다. 예를 들면 $8\div3$의 결과값은 정수가 아니다. 나눗셈에 대해서도 닫혀 있기 위해서는 수 체계를 유리수까지 확장시켜야 한다. $8\div3$의 연산은 이와 같은 확장된 체계에서는 $\frac{8}{3}$이라는 결과값을 가진다. 사실 임의의 두 유리수를 나누면(나누는 수가 0인 경우 제외) 그 결과는 또 다른 유리수가 된다. 이와 유사하게 이제 [생각해보기 1.1]의 두 번째 질문에 대한 답을 할 수 있다. $32 \div 6$의 결과값은 $\frac{32}{6}$이다. 이와 같은 최후의 확장된 수 집합을 통하여, 이용 가능한 수 집합에 대한 새롭고 매우 유익한 성질을 가지게 된다. 유리수 집합은 4개의 모든 연산-덧셈, 뺄셈, 곱셈, 나눗셈(0으로 나눌 수 없다는 제약은 피할 수 없음)-에 대하여 닫혀 있다. [생각해보기 1.5]에 제시된 것과 같은 문제를 해결할 때 4개의 연산에 대하여 닫혀 있는 이러한 확장된 수 집합을 다룬다는 것이 얼마나 유용한지 생각해볼 수 있다.

생각해보기 1.5

1. 제인은 100미터를 18초에 달릴 수 있다. 일정한 비율로 달린다면, 1미터를 달리는 데 얼마나 걸릴 것인가?
2. 휘발유가 갤런당 3달러라면, 10달러에는 휘발유가 얼마나 되는가?
3. 상업용 봉투의 크기는 어떻게 되는가?

[생각해보기 1.5]에 제시된 것과 같은 문제들은 여러 가지 간단한 일상생활에 적용하는 데 있어서 유리수가 범자연수나 정수에 비하여 얼마나 더 적합한지 보여준다. 실생활 맥락에서 범자연수를 나누면 그 결과는 보통 범자연수가 아닌 유리수가 된다. 문제 1에서 18의 $\frac{1}{100}$을 하면 1초보다 작은 $\frac{18}{100}$ 또는 0.18초가 된다. 문제 2에서 10을 3으로 나누면 $\frac{10}{3}$ 또는 $3\frac{1}{3}$ 갤런이 된다. 문제 3은 유리수가 필요한 많은 실생활 측정 문제 가운데 하나의 예이다.

핵심 아이디어 2
유리수를 이해하기

유리수는 다양한 의미를 가지며 이를 이해하는 것은 단위를 식별하는 데 달려 있다.

Big idea

핵심 아이디어 1에서는 유리수가 무엇인지, 왜 중요한지, 어떻게 생겨났는지에 대해 논의했다. 핵심 아이디어 2에서는 많은 다양한 맥락에서 유리수가 사용될 수 있으며, 단위를 정의하는 것이 그 의미에서 핵심이라는 것을 보여주고자 한다(Behr 외, 1983; Carraher, 1992, 1996; Kieran, 1992; Lamon, 2007). 핵심 아이디어 2와 관련된 필수 이해에 대한 다음의 논의에서는 다양한 실생활 예와 핵심 아이디어 2에서 중요한 유리수 모델을 소개한다.

> Big idea
> **핵심 아이디어 1**
> 범자연수에서 유리수로의 확장은 좀 더 강력하고 복잡한 수 체계를 만든다.

1) 다양한 의미에서 기본이 되는 단위

필수 이해 2a. 단위 개념은 유리수의 의미에서 기본이다.

왜 단위가 그렇게 중요한가? 유리수로 어떤 양의 크기를 설명하기 위한 첫 번째 단계는 **단위**, 또는 **전체**가 무엇인지 결정하는 것이다. 따라서 결괏값인 유리수는 반드시 단위에 대하여 해석되어야 한다. 왜 그래야 하는가?

분수에서 가장 분명한 예를 볼 수 있지만 같은 원리가 소수에도 적용된다. [그림 1.2]는 단위를 무엇으로 정하느냐에 따라 선분 M의 길이가 어떻게 달라지는지를 보여준다. 각각의 경우에서 0부터 1까지의 선분은 길이 단위 1을 나타낸다. 예 (a)에서, M의 길이는 단위를 이루는 같은 크기의 3개 선분 가운데 1개이기 때문에 $\frac{1}{3}$이다. 예 (b)의 경우, 제시된 단위는 M의 길이와 같은 크기의 선분 2개로 구성되므로 M의 길이는 $\frac{1}{2}$이다.

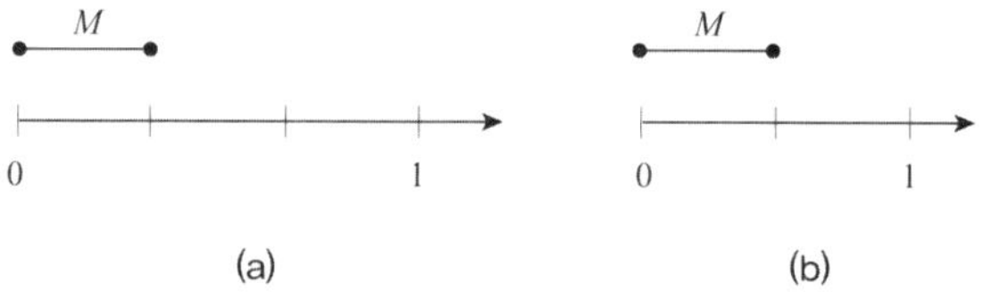

[그림 1.2] 단위와 분수 부분

어떤 저자들은 **전체**와 **단위**를 구분한다. Bassarear(2008)는 이러한 구분에 대해 자세히 설명한다. 학교를 포함한 비형식적 맥락에서 이러한 용어는 보통 교환적으로 쓰이고, 이 책에서도 형식적인 구분을 하지 않을 것이다. 하지만 유리수를 다룰 때 1과 같은 양을 서술하기 위해서 **전체**보다 **단위**라는 용어를 택할 것이다. 이것은 **전체**라는 단어를 너무 제한적으로 해석하여 생길 수 있는 오개념을 피하기 위한 것이다. 하지만, **단위**라는 용어는 다양한 의미를 가지고 있다는 약점이 있다. 예를 들어, **단위 분수**(분자가 1인 분수)를 생각해 볼 수 있다.

2) 다양한 의미 : 전체-부분 관계로서의 유리수

필수 이해 2b. 유리수는 전체-부분 관계로서의 의미를 가진다.

유리수는 처음에 가진 돈의 반을 돼지 저금통에 넣거나, 종이를 삼등분으로 접거나, 피자를 8등분 하는 것과 같은 일상 경험을 통해서 도입될 것이다. 피자의 $\frac{3}{8}$이라 할 때, 우리는 ($\frac{3}{8}$으로 표현된) 부분과 ($\frac{8}{8}$로 표현된) 전체 사이의 관계를 설명하기 위하여 분수를 사용하고 있는 것이다. 유리수의 전체-

부분 의미에서, 분수란 분자가 지시하는 부분의 개수를 분모가 지시하는 단위나 전체를 구성하는 동일한 크기인 부분의 고정된 개수와 비교하는 것을 의미한다. 따라서 피자 한 판의 $\frac{3}{8}$ 이란 8개로 등분된 피자 한 판의 3조각을 가리킨다. 비록 부분은 반드시 같은 크기여야 하나, 같은 모양일 필요는 없다.

잔디밭의 넓이, 연필의 길이, 수영장 물의 부피, 또는 1평방피트, 1센티미터, 1갤런과 같은 측정의 표준 단위와 같은 **연속적인** (측정 가능한) 양이 단위가 될 수 있다. 또한 한 학급의 학생 수, 책의 쪽 수, 판매된 티켓 수와 같은 **이산적인** (셀 수 있는) 것들의 집합이 단위가 될 수도 있다. 그림 1.3에서 예 (a)와 (b)의 색칠된 부분을 살펴보면, 각각의 예는 3개의 동일 크기 부분 가운데 1개 부분을 나타내기 때문에 모두 $\frac{1}{3}$이라 칭할 수 있다. (a)의 더 진한 부분은 막대의 넓이라는 연속된 속성을 측정하기 위해 사용된 단위의 $\frac{1}{3}$을 나타내고, (b)의 더 진한 부분은 12개의 하트로 구성된 단위의 $\frac{1}{3}$을 나타낸다. 각각의 예에서 더 진하게 표시된 부분을 나타내는 유리수는 전체−부분 관계를 나타낸다. [생각해보기 1.6]은 양의 비교에서 전체−부분이 어떻게 사용되는지 살펴본다.

[그림 1.3] 단위를 3등분한 것 중에 하나인 $\frac{1}{3}$

생각해보기 1.6

다음의 예 각각에서, 두 개의 색칠된 넓이 중 어느 것이 더 많은 것을 나타내는가?

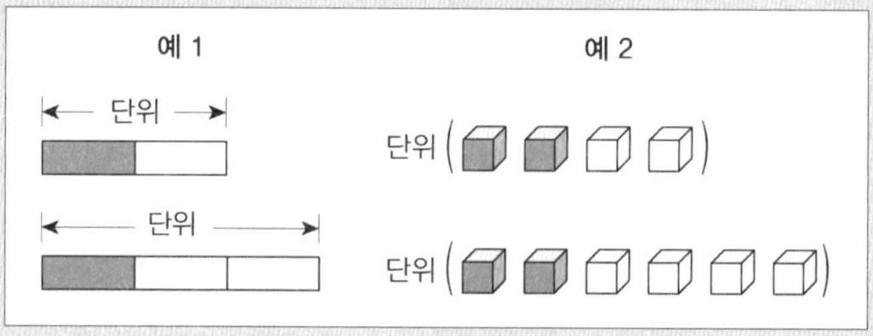

이 질문의 의미에 대하여 생각할 수 있는 방법이 한 가지 이상인가? 설명해보시오.

[생각해보기 1.6]의 첫 번째 질문은 애매모호하다. 문제를 해석하는 방법 가운데 한 가지는 예 1의 색칠된 넓이의 크기 또는 예 2의 색칠된 정육면체의 수를 직접적으로 비교하는 것이다. 하지만 좀 더 흔한 해석은 색칠된 부분 중 어느 것이 더 큰 크기의 분수를 나타내는지 살펴보는 것이라고 할 수 있다. 이 경우, **전체와 비교하여** 얼마나 많이 또는 몇 개나 색칠 되었는지 알아내야 한다. 두 가지 예 모두에서 위에 제시된 단위는 그것의 반이 색칠되어 있고, 아래 제시된 단위는 그것의 $\frac{1}{3}$이 색칠되어 있다. 따라서 각각의 예에서 위의 그림의 색칠된 부분이 더 큰 **분수** 크기를 나타낸다. 분수의 크기는 단위 크기에 상대적이라는 것을 이해하는 것이 유리수를 이해하는 데 있어 핵심이다.

3) 다양한 의미 : 측정으로서의 유리수

필수 이해 2c. 유리수는 측정으로서의 의미를 가진다.

측정으로 해석될 때의 유리수는 단위 크기와 관련된 (거리, 넓이, 들이나 부피, 기간과 같은) 어떤 것의 양을 나타내는데,

여기서 단위는 1로 간주된다. 주전자에 물이 $1\frac{3}{4}$컵 담겨 있다고 말하는 것은, 1컵을 측정 단위로 하여 액체의 양을 측정한 것이다. 어떤 측정 상황에서 단위의 실제 크기는 구체적이지 않고 암시적이다. 예를 들어, 어떤 주자가 경주의 $\frac{2}{3}$를 달렸다고 말했을 때, 암시적인 단위는 경주의 길이가 된다. 경주의 길이가 얼마나 되는지 모르더라도 주자가 경주할 총거리와 비교해서 지금까지 얼마나 달렸는지 알 수 있다. 주자가 100 야드의 거리를 질주하고 있는지 또는 장거리 경주인 마라톤을 달리고 있는지 굳이 알지 않더라도, 이러한 두 거리 사이의 관계를 보여주기 위하여 상황을 모델링할 수 있다.

수직선은 유리수를 이해하고 유리수에 대해 추론할 수 있는 풍부한 환경을 제공하는 수학적 모델이다(Moss & Case, 1999). 표준적인 수직선은 직선으로 된 눈금(linear scale)으로 같은 거리(equal distance)로 분할되어 있으며 0부터 1까지의 거리가 단위 1이 된다. 그것은 굽었거나 반듯할 수 있고 수직이거나 수평일 수도 있다. 수직선은 자, 우량계, 원통형 계량컵, 우편물 저울, 온도계, (일정한 눈금이 있는) 속도계와 같은 실생활의 많은 측정 도구에서 볼 수 있다. 단위는 어느 정도로 정확해야 하는지에 따라 어떤 수로든지(사분의 일, 십이분의 일, 백분의 일, 백만분의 일 등과 같이) 세분될 수 있다.

1. 왜 수직선은 유용한 도구인가?

수직선은 양수와 음수를 포함하여 유리수를 나타내기에 강력한 도구이다. 한 가지 이유는 $\frac{5}{8}$가 $\frac{1}{2}$보다 얼마나 더 큰지 또는 0.9가 1에 얼마나 가까운지에 대한 시각적 이미지를 제시함으로써 수의 상대적인 크기에 관한 감각을 발달시킬 수 있게 하기 때문이다. 또한 어떤 형태의 유리수는 잘 다룰 수 있고 또 다른 형태의 유리수는 잘 다룰 수 없는 패턴 블록이나 분수 막대와 같은 자료와 다르게 수직선은 융통성이 있으며 어떤 크기의 부분으로도 쉽게 분할될 수 있다.

수직선에서 점에 표시되는 수를 결정하기 위하여 단위 간격(0부터 1까지의 거리)에 비하여 점이 0으로부터 얼마나 떨어져 있는지 알아보아야 한다. 점의 이름과 0으로부터의 거리의 측정값은 모두 동일한 유리수 또는 동일한 값으로 나타내어진다. 예를 들어 1.6은 표준 수직선에서 0에서 오른쪽으로 1.6 단위인 점의 이름이다. 수직선에서 점의 정확한 위치를 찾기 위해서는 이미 특정한 수로 분할된 전체에서 단지 부분을 세는 것이 아니라, 적극적인 사고와 추론이 필요하다. 수직선은 분수를 이해하는 데 있어서 이미 분할된 분수 부분을 가지고 있는 전체-부분 모델과 다르며 보다 다목적인 맥락을 제공한다. [생각해보기 1.7]에서 이러한 아이디어를 살펴본다.

생각해보기 1.7

아래의 수직선의 점 A와 점 B로 나타내어진 값을 어림해보시오.

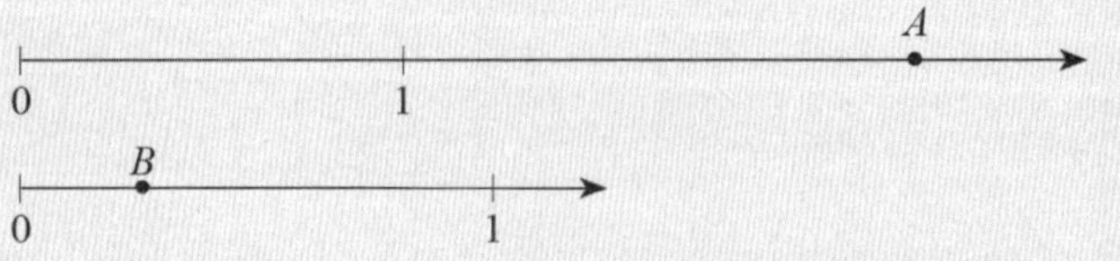

수직선 모델을 사용하는 것은 전체-부분 모델과 어떻게 비슷한가, 그러면서 어떻게 다른가?

[생각해보기 1.7]에서 첫 번째 수직선의 점 A에 나타내어지는 값을 어림하기 위해서는, 우선 수직선을 따라 단위 1의 길이를 반복해야 한다. 점 A에 지정된 값은 2보다는 크고 3보다는 작을 것이다. 보다 정확한 어림값을 구하기 위해 수직선의 2와 3 사이의 공간을 같은 부분으로 분할할 수 있다. 점 A의 값은 약 $2\frac{1}{2}$이 된다고 말할 수 있거나 좀 더 정확한 어림값을 얻기 위하여 더 조밀한 간격으로 단위를 분할할 수 있다. 0, 1과 같은 기준점 및 일반적인 벤치마크가 몇 개 표시된 수직선

을 사용하여 값을 어림하고 유리수에 이름을 부여하는 것은 수의 상대적인 크기에 대한 이해를 강화시키며 복잡한 추론을 하도록 한다.

2. 전체와 비교된 양

측정으로서의 유리수 의미는 **전체의 부분**으로서의 분수의 의미를 뛰어넘어 **전체와 비교된 양**으로서의 분수라는 더욱 폭넓은 아이디어로 이끈다. 이것은 사소한 차이로 보일 수 있으나 중요한 것이다. 예를 들어 $\frac{1}{4}$이나 $\frac{3}{8}$을 전체의 부분이라고 말하는 것은 이치에 맞는다. 하지만 $\frac{5}{3}$나 $1\frac{2}{3}$가 전체의 부분이라고 말하는 것은 혼란스러울 수 있다. 대신 분수 $\frac{5}{3}$는 양 $\frac{5}{3}$ 즉 $1\frac{2}{3}$가 **전체와 비교하여** 얼마인지를 보여준다. 수직선에 제시된 거리를 단위 길이와 비교할 때 거리가 단위 1보다 큰지 작은지는 중요하지 않다. 예를 들어 거리가 3.8미터라는 것은 단위로 정의되는 1미터의 3.8배가 된다는 의미이다.

Norton와 McCloskey(2008)에는 단위 분수에 대한 더욱 심오한 논의가 제시되어 있다. 또한 「곱셈과 나눗셈의 필수 이해 : 3~5학년까지」(Otto 외, 2011)와 「수와 기수법의 필수 이해 : 유아·유치원부터 2학년까지」(Dougherty 외, 2010)에서는 이러한 아이디어를 범자연수와 측정에 관하여 논의하고 있다.

3. 단위 분수로 분수를 설명하기

단위 분수를 반복하는 것은 분수와 **가분수**(improper fraction, 분자가 분모보다 큰 분수)를 이해할 수 있는 또 다른 방법이다. 임의의 도형이 단위가 같은 크기의 조각 5개로 나뉘었다고 하자. 각각의 조각은 단위 분수 $\frac{1}{5}$로 나타낼 수 있다. 그리고 분수 $\frac{3}{5}$은 단위 분수 $\frac{1}{5}$이 3개인 것으로 이해될 수 있다. 이와 같은 개념은 $\frac{12}{5}$와 같이 전체보다 큰 분수로 자연스럽게 확장될 수 있는데, $\frac{12}{5}$는 단위 분수 $\frac{1}{5}$이 12개인 것이다. 일반화해보면, 분수 $\frac{N}{D}$은 분수 $\frac{1}{D}$이 N개인 것으로 해석될 수 있다.

4) 다양한 의미 : 몫으로서의 유리수

필수 이해 2d. 유리수는 몫으로서의 의미를 가진다.

유리수는 또한 두 수 사이의 **몫**을 나타내기도 한다. 몫으로서의 유리수는 두 가지 방식으로 해석될 수 있다. $\frac{3}{4}$을 예로 들어보자. 첫째, 유리수는 나눗셈을 의미한다. 즉, $\frac{3}{4}$은 산술적 표현인 $3 \div 4$와 동치인 것으로 볼 수 있다. 둘째, 이러한 연산 수행의 결과 단일 값을 의미하는데, 분수로는 $\frac{3}{4}$이고 소수로는 0.75이다.

$\frac{3}{4}$이 가지는 '3 나누기 4'라는 의미를 보여주는 일상생활 속의 예를 생각해보자. 4명의 발표자에게 3시간의 발표 시간이 주어진다고 가정한다. 4명이 발표 시간을 동일하게 나누려면 각 발표자에게 주어지는 시간은 얼마일까? 한 가지 해결 방안은 각각의 1시간씩을 4등분하여 이를 각 발표자에게 똑같이 나누어 주는 것이다([그림 1.4] 참조). 발표 시간은 각 발표자에게 3개씩의 $\frac{1}{4}$시간 또는 한 시간의 $\frac{3}{4}$이 주어지게 된다. 일반적으로 4등분하는 경우, 하나의 몫은 원래 값의 $\frac{1}{4}$에 해당된다. 그래서 각 발표자의 몫인 $\frac{3}{4}$이 3시간의 $\frac{1}{4}$과 같다는 것을 알 수 있다. [생각해보기 1.8]에서는 수직선을 활용하는 또 다른 해결 방안에 대해 알아보자.

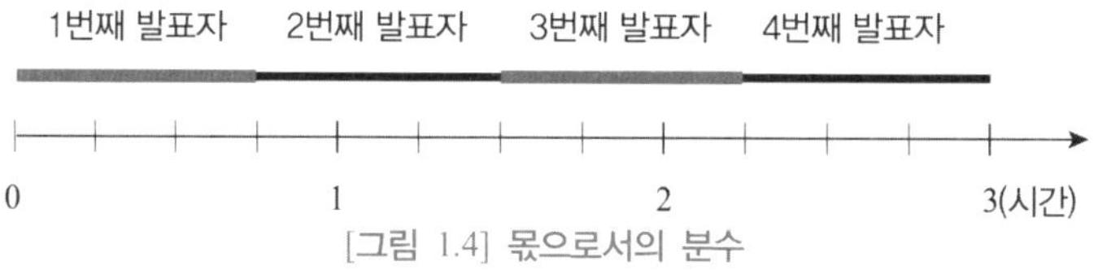

[그림 1.4] 몫으로서의 분수

생각해보기 1.8

1. 3시간의 발표시간을 4명의 발표자에게 등분하는 상황에 대해 계속해서 생각해보자.
2. 수직선을 이용하여 기본 단위 3개를 4등분하는 또 다른 방식(그림 1.4의 방법 제외)을 찾아보자.
3. 몫을 알아내는 방법에 대해 동료들과 의견을 나누어라. 몫은 얼마인가?

수직선에서 발표 시간을 나타내는 단위는 다양한 방식으로 나누어질 수 있다. 예를 들어, 처음 2시간은 각각 반으로 나누고 4명에게 $\frac{1}{2}$시간씩 나누어 준다. 그리고 나머지 1시간을 4등분하여 1명당 $\frac{1}{4}$시간씩 더 준다. 전체발표 시간이 등분된 것과 마찬가지로 각 발표자에게 $\frac{3}{4}$시간이 주어진다. 우리가 '더 작은 수'를 '더 큰 수'로 나눌 수 있다는 것을 납득하지 못한다면, 몫으로서의 유리수가 의미하는 바를 이해할 수 없다. 우리는 어렸을 때 더 작은 수를 더 큰 수로 나눌 수 없다고 들었다. 그러나 발표 시간(3)이 나누어 가질 사람의 수(4)보다 적기 때문에 몫은 1시간보다 작아지게 되는 것은 이치에 맞다. 다시 말해, $3 \div 4$의 몫은 1보다 작은 수$\left(\frac{3}{4}\right)$가 된다.

5) 다양한 의미 : 비로서의 유리수

필수 이해 2e. 유리수는 비로서의 의미를 가진다.

비[3]는 두(때론 그 이상의) 양 또는 부분 양 사이의 관계를 표현하거나 측정값이나 셈값을 상대적으로 비교하는 것이다.

3) [역자 주] 원서의 'ratio'를 본 역서에서는 'rate'(비율로 번역)와 구분하기 위하여 '비'로 일관되게 번역하였다.

예를 들어, $\frac{2}{15}$는 미성년자 15명당 성인 보호자 2명의 비를 나타낼 수 있다. $\frac{3}{5}$은 그래놀라 조리법에서 으깬 귀리 5컵당 으깬 밀 3컵을 의미할 수 있다. 특히 비에서 수의 순서는 매우 중요하다. 마지막 예에서 귀리에 대한 밀의 비는 $\frac{3}{5}$이다. 반면 밀에 대한 귀리의 비는 $\frac{5}{3}$이다. 유리수의 다른 의미와 같이 비의 한 부분은 다른 부분과 곱셈적 관계를 가진다. 그래놀라 조리법에서 실제의 양(예, 10컵에 대한 6컵)이나 측정의 단위(컵, 리터, 테이플 스푼 또는 그 외)와는 관련 없이 밀의 부피는 귀리 부피의 $\frac{3}{5}$배가 된다. 이는 덧셈적 비교가 아닌 곱셈적 비교이다.

1. 백분율로 비를 나타내기

비를 나타내는 또 다른 방식은 **백분율**이다. **백분율**의 의미는 '100당' 관계이다. $N\%$는 $\frac{N}{100}$ 형태의 비로 해석할 수 있다. N은 범자연수, 분수, 소수이거나 혼합 형태도 가능하다. 예를 들어, 3.2%는 비율을 나타내는데, 분자는 제시된 수(3.2)이고, 분모는 백분율의 기호(%)에 제시된 것과 같이 100이다. 그러므로 3.2%는 $\frac{3.2}{100}$로 쓸 수 있다. 만일 대학에 합격한 학생들의 비가 지원한 학생 5명 중 2명꼴이라고 할 때, 비는 $\frac{40}{100}$이며, 40%로 받아들여진다(지원자 100명 중 40명만 합격).

두 비를 의미있게 비교할 수 있는 경우 백분율은 공통분모를 통해 수치 비교를 단순화시켜 준다. 예를 들어, 자유투 25개 중 8개를 성공시킨 경우보다 자유투 20개 중 7개를 성공시킨 경우가 더 나은 기록인지는 분명치 않다. 이 비들을 백분율로 나타내면 35%(20 중 7, 이는 100 중 35와 동일) 대

32%(25 중 8, 이는 100 중 32와 동일)이고, 이때 어느 쪽이 더 좋은 기록인지를 결정하는 일은 쉽다. 2장에서 백분율에 대하여 더 상세히 논의하고자 한다.

2. 비율, 비 그리고 백분율

「비-비례-비례 추론의 필수 이해 : 6학년~8학년까지」(Lobato & Ellis, 2010)에서 비율에 관하여 더욱 상세히 다루고 있다.

비율의 한 가지 의미는 주어진 곱셈적 관계가 유지되는 동치인 비들의 집합이다(Thompson, 1994). 비율은 서로 다른 단위를 가지는 두 양들을 비교하기도 한다[4]. 예를 들어, 시간당 30마일과 같은 속도의 비율은 1시간당 30마일, $\frac{30\text{마일}}{1\text{시간}}$, 또는 간단히 $30\frac{\text{마일}}{\text{시간}}$로 나타낼 수 있다. 이 비율은

$$\frac{60\text{마일}}{2\text{시간}},\ \frac{15\text{마일}}{0.5\text{시간}},\ 0.5\frac{\text{마일}}{\text{분}},\ \text{또는}\ 720\frac{\text{마일}}{\text{일}}$$

등과 같이 무한히 많은 동치인 비들로 표현될 수 있다. 비율의 다른 예들로 $\frac{15\text{달러}}{\text{입방 야드}}$, 4주마다 3장, 파운드당 3.25달러, 그리고 한 바퀴에 1.3분 등이 있다. 학교수학에서 비율은 일반적으로 4%로 표현되는, 100달러당 4달러의 이자 같이 동일한 단위를 사용하는 2개의 다른 측정값을 비교하는 데 사용되기도 한다. 비율은 주로 두 양의 크기가 변하지만 항상 일정한 비로 변하는 상황을 설명하는 데 사용된다(Lobato & Ellis (2010)에서 자세히 다루어짐).

3. 분수와 비는 어떻게 관련되는가?

비 개념은 「비-비례-비례 추론의 필수 이해 : 6~8학년까지」 (Lobato & Ellis, 2010)에서 상세히 다루고 있다.

분수 $\frac{a}{b}$는 일반적으로 전체와 부분을 비교하는 비를 나타내는 데 사용된다. 또한 분수는 앞서 그래놀라 조리법의 $\frac{\text{으깬 밀 3컵}}{\text{으깬 귀리 5컵}}$과 같이 부분과 부분을 비교하는 데 사용되거나, $\frac{3\text{달러}}{5\text{파운드}}$인

4) [역자 주] 이 경우 우리는 흔히 확률, 타율과 같이 동종의 비교를 나타낼 때는 '율(率)', 속도, 농도, 밀도와 같이 이종의 비교를 나타낼 때는 '도(度)'라고 표현한다.

바나나의 가격과 같이 양과 양의 비교 상황을 표현하는 데 사용되기도 한다.

부분－부분의 비는 전체－부분의 비로 전환하기 쉽다. 만약 그래놀라가 밀과 귀리로만 만들어졌다고 가정하면, 밀이 3이고 귀리가 5인 전체가 8컵(또는 리터, 테이블 스푼)인 그래놀라가 된다. 그래놀라 속의 밀과 귀리가 차지하는 부분을 전체－부분의 비로 나타내면 각각 분수로 $\frac{3}{8}$, $\frac{5}{8}$로 나타낼 수 있다 (Lobato & Ellis (2010) 참고).

6) 다양한 의미 : 연산자로서의 유리수

필수 이해 2f. 유리수는 연산자로서의 의미를 가진다.

유리수는 배로 확대/축소하거나, 확장/감소, 팽창/수축시키는 등의 방식으로 어떤 수량 또는 양을 변화·변경하는 **연산자**로 사용될 수 있다. 유리수는 그 자체가 연산자이며, 이 연산은 곱셈에 해당된다. 다음 두 가지 상황은 유리수가 연산자로 사용될 때 크기나 규모가 변화된 결과를 설명한 것이다.

- 올해 쓰레기의 양은 작년의 $\frac{3}{4}$이다.
- 시리얼 A는 시리얼 B보다 2.5배 많은 설탕을 포함한다.

[그림 1.5]에서 시각적인 예로 막대 A의 길이에 연산자로 $\frac{2}{3}$가 작용하여, 결과적으로 길이가 $\frac{2}{3}$로 되는 것을 막대 B로 보여준다. [생각해보기 1.9]에서는 막대 A와 B 사이의 관계에 대하여 좀 더 살펴본다.

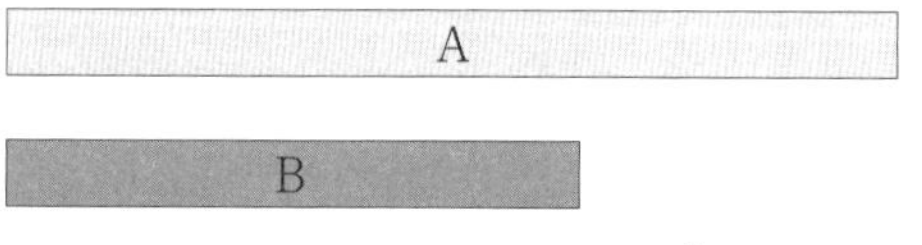

[그림 1.5] 막대 A에 대한 연산자 $\frac{2}{3}$의 작용

생각해보기 1.9

[그림 1.5]에서 $\frac{2}{3}$가 연산자로 막대 A에 작용한다고 가정할 때, 막대 A의 길이를 막대 B의 길이에 비교하여 설명하고 있다.

1. 막대 B를 막대 A에 비교할 때 길이는 얼마나 되는가?
2. 막대 A와 막대 B에 대해 몇 가지 가능한 길이는 무엇인가?

이 물음에 대한 좀 더 깊은 통찰을 얻기 위해서, 대수식

$$B = \left(\frac{2}{3}\right)A$$

를 살펴보자. 분수가 연산자로 작용한다는 것은 분모는 나누는 수로, 분자는 곱하는 수로 영향을 미치는 반대되는 두 작용의 조합이다. a와 b가 모두 1보다 큰 범자연수로 이루어진 분수 $\frac{a}{b}$의 경우에서 분자는 수량이나 양이 확대되게 하고, 분모는 축소되게 한다. 이와 같이 유리수의 연산에서 두 연산이 함께 작용한 최종 효과는 분자의 크기를 분모의 크기와 비교한 결과에 따라 결정된다. 예를 들어, $\frac{3}{3}$과 같이 분모·분자가 동일한 수일 경우, 분자는 3을 곱하고, 분모는 3으로 나누므로 $\frac{3}{3}$(또는 1)의 연산이 작용하는 수량 또는 양에서 변화가 일어나지 않는다. 만일 분자가 분모보다 커서 분수 연산자의 값이 1보다 큰 경우 이 연산은 원래의 값을 증가시킨다. 이와 유사하게 1 미만의 분수의 경우에는 원래의 크기를 감소시킨다.

분수가 연산자로 작용한 최종 효과는 먼저 확대(분자를 곱하기)하고 축소(분모로 나누기)하는 경우나 먼저 축소한 후 확대하는 경우, 또는 분수의 곱셈으로 한 번에 적용하는 경우에서

모두 동일하다. 예를 들어, 12인치의 길이를 $\frac{2}{3}$로 연산한다면, 우선 12를 2배하고(24가 됨) 3으로 나누거나(8이 됨) 또는 처음에 12를 3으로 나누고(4가 됨) 2를 곱하여(8이 됨) 결과를 얻을 수 있다. 또는 12에 $\frac{2}{3}$를 곱하여 8을 얻을 수도 있다.

7) 단위에 관한 확장된 관점

필수 이해 2g. 단위 개념은 범자연수에서 유리수로 확장되면서 더욱 복잡해진다.

범자연수와 관련된 단위에 대한 논의는 「수와 기수법의 필수 이해 : 유아·유치원부터 2학년까지」(Dougherty 외, 2010)를 참고하시오.

처음 분수를 배울 때, 샌드위치[그림 1.6]와 같이 단위는 하나인 것으로 이해한다. 이와 더불어 단위화되거나 머릿속에서 단위로 이미 "엮어진(chunked)" 분리된 대상들의 모임도 **단위가 될 수 있다**는 것을 이해하는 것이 필요하다(Steffe, 2001). 머릿속에서 함께 엮어진 분리된 대상들로 구성된 단위의 예로 작은 강아지들이 제시되어 있다. 상황의 맥락이 단위를 결정한다. 어떤 사람이 강아지들의 $\frac{2}{5}$가 암컷이라고 했을 때 이야기의 맥락을 통해서 여러 마리의 강아지가 단위라는 것을 알 수 있다(Dougherty 외 (2010) 참고).

(a) [단위:샌드위치] (b) [단위:강아지 5마리]

[그림 1.6] 단위가 단일 대상인 경우 (a)와 집합인 경우 (b)의 예

여러 개의 조각들로 구성된 대상의 경우 **합성 단위**(composite unit)라고 부른다. 합성 단위의 예로 달걀 한 판과 우표 한 세트를 들 수 있다([그림 1.7] 참고).

[그림 1.7] 합성 단위의 예가 되는 달걀 한 판과 우표 한 세트

단위는 범자연수, 분수 또는 대분수(mixed number)로 표현 가능한 측정값으로 나타낼 수 있다. 예를 들어 식물의 키가 현재는 $1\frac{1}{2}$ 피트이고, 심을 당시에는 현재의 $\frac{1}{4}$ 이었다고 가정해 보자. 현재 식물의 키인 $1\frac{1}{2}$ 피트를 단위로 볼 수 있다([그림 1.8] 참고). 심을 당시 식물의 크기는 단위의 $\frac{1}{4}$ 이라는 것을 알 수 있다. 또한 식물의 원래 크기인 $\frac{3}{8}$ 피트를 단위로 볼 수도 있다. 이 경우, 그 식물이 심을 당시에 비해 얼마만큼 자랐는지를 묻는 질문은 자연스러워진다.

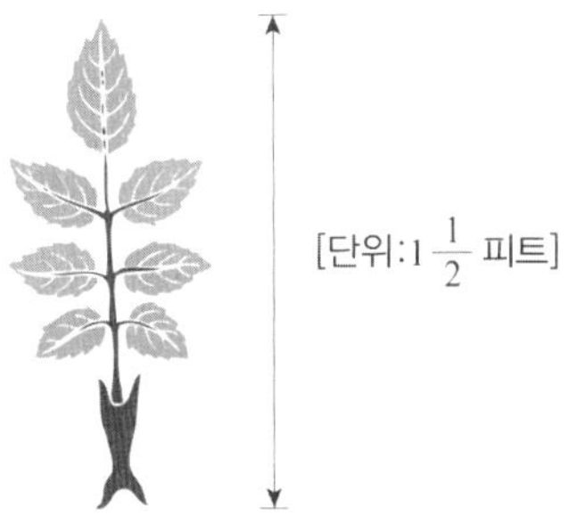

[그림 1.8] 측정값으로서의 단위

대부분의 경우에 단위는 맥락에 직접적으로 드러난다. 하지만, 일부의 경우, 단위가 암시되어 있어 추론해야만 하는 경우도 있다. 예를 들어, 캐서롤 냄비 요리 음식이 냄비의 삼분의 일만큼 남아 있다면, 우리는 먹기 전에 냄비 전체(단위)에 담겨 있던 음식의 양을 추론할 수 있다. 냄비 전체(단위)는 $\frac{1}{3}$ (남은

Big idea

핵심 아이디어 2
유리수는 다양한 의미를 가지며, 이를 이해하는 것은 단위를 식별하는 데 달려 있다.

Big idea

핵심 아이디어 3
모든 유리수는 동치 관계에 있는 무한히 많은 기호 형태로 표현될 수 있다.

음식의 양)의 3배가 된다. Lamon(1999)은 단위의 여러 형태에 대하여 상세한 논의를 제시하였다.

핵심 아이디어 2의 필수 이해에 관한 논의들은 **핵심 아이디어** 3에서 다루어질 몇 가지 내용들과 연결되며, 관련된 이해가 더욱 상세히 다루어질 것이다. 차후 분수와 소수에 대하여 더 읽어갈 때, 여러 형태의 단위는 유리수의 다양한 의미를 이해하는 데 핵심이 된다는 것을 기억하라.

핵심 아이디어 3

유리수와 동치

모든 유리수는 동치 관계에 있는 무한히 많은 기호 형태로 표현될 수 있다.

Big idea

수학에서의 핵심 개념 중 하나는 동치(equivalence)이다. 같은 양을 나타내는 두 수식은 서로 동일(equal)하고 동치인(equivalent) 식이라고 부른다.

한 연구에서 $2+3=5$를 알고 있다고 확신하는 많은 학생들이 $5=2+3$이라는 것과 심지어 $5=5$라는 것을 믿지 않았다고 밝혔다(Frankner, Levi, & Carpenter, 1999). 어린 학생들이 범자연수를 다루는 시기에 처음 접하게 되는 동치의 예들은, 대개 $5+3=8$이나 $5\times 3=15$와 같이 좌변에 연산이 있는 식이다. 그 결과, 학생들은 등호를 어떤 것을 해야 하는 신호, 즉 우변의 결과를 얻기 위하여 좌변의 연산을 수행하라는 기호로 해석하는 경향이 있다. 이러한 해석은 다음과 같은 동치를 나타내는 표현들을 이해하는 데 도움이 되지 않는다.

$$8=5+3,\ 5+3=3+5,$$
$$5+3=4+4,\ 1.5=\frac{15}{10},\ \frac{4}{6}=\frac{8}{12}$$

이러한 표현들을 이해하려면 동치의 기호인 등호에 대한 수학적 이해가 필요하다. 등호는 좌변의 산술적 표현이 우변의 수량과 동일한 것임을 알려준다. 동치와 등식의 개념은 유리수를 이해하고, 다루는 데 매우 중요하지만 여기에서는 이 개념들을 요약 · 정리하지는 않겠다.

1) 동치 분수로 유리수 표현하기

필수 이해 3a. 모든 유리수는 무한히 많은 방법을 통해 분수로 표현될 수 있다.

앞서 살펴본 바와 같이 분수 $\frac{a}{b}$(a와 b는 음이 아닌 정수이고, b는 0이 아니라고 할 때)는 기본적인 유리수를 나타낸다. 두 개의 서로 다른 분수가 동일한 유리수를 나타낼 수도 있다.

1. 분자와 분모에 같은 수 곱하기

하나의 판의 중간 지점을 잘라서 두 조각으로 나누었다고 생각하여 보자. 두 조각 중 하나인 각 부분을 $\frac{1}{2}$이라 부르기로 하자. 만약 판의 절반이 되는 이 조각들을 3등분 한다면, 판은 6등분 한 것이 된다. 원래 판의 절반에는 전체 6조각 중 3조각이 포함된다. [그림 1.9]에서 위의 그림은 유리수 $\frac{1}{2}$을 나타내는 중점을 기준으로 나누어진 수직선을, 아래의 그림은 6등분된 수직선을 나타낸다. 절반으로 나누어지는 지점인 $\frac{1}{2}$은 $\frac{3}{6}$이라고 쓰인 지점과 정확히 같다. 이 점들은 0으로부터 정확하게 같은 거리에 있다.

동치 분수를 만드는 절차는 유리수의 곱셈과 같은 것이 아니다. 핵심 아이디어 4에서 이에 관해 좀 더 논의할 것이다.

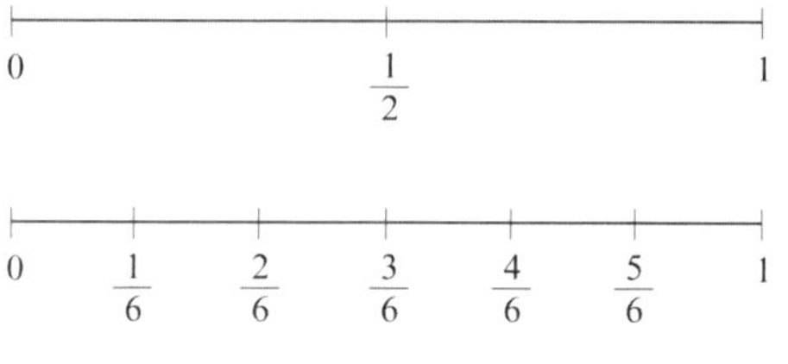

[그림 1.9] 수직선에 나타낸 동치 분수인 $\frac{1}{2}$과 $\frac{3}{6}$

Big idea

핵심 아이디어 4
유리수 계산은 범자연수 계산이 확장된 것이지만, 몇 가지 새로운 아이디어와 과정이 도입된다.

위쪽 그림에서 분명히 보여준 것처럼 판자에 관한 가상의 상황에서, 처음에는 길이가 같은 두 부분으로 잘랐다. 이때 나누어진 각 부분을 $\frac{1}{2}$이라 하면, [그림 1.9]의 아래 그림과 같이 같은 크기인 조각의 수(분모로 표현됨)는 2에서 6으로 3배가 되고, 한 부분에 속하는 조각의 수(분자로 표현됨)는 1에서 3으로 3배가 된다. 즉, 분자와 분모에 모두 3을 곱한다. 다음의 등식은 $\frac{1}{2}$에 동치인 새로운 분수를 만드는 과정을 보여준다.

$$\frac{1\times3}{2\times3}=\frac{3}{6}$$

용어가 혼란스럽게 느껴질 수 있다. $\frac{1}{2}$과 $\frac{3}{6}$은 서로 다른 분수이며, 좀 더 엄밀히 말하면, 같은 유리수에 다른 분수로 이름이 붙여진 것이다. 대개 $\frac{1}{2}=\frac{3}{6}$을 "$\frac{1}{2}$과 $\frac{3}{6}$은 같다"라고 읽지만, 일반적으로는 $\frac{1}{2}$과 $\frac{3}{6}$을 "동치 분수(equivalent fractions)"라고 부른다. 일반적으로 분수와 유리수의 영역에서 **같음**과 **동치**는 본질적으로 동일한 것이다(다른 맥락에서는 의미가 구별될 수도 있지만).

우리가 곱셈에 대해 알고 있는 비를 가지고, 좀 더 일반화된 방식으로 동치에 대하여 살펴보자. $\frac{1}{2}$로 나타낼 수 있는 유리수는 여러 가지 분수의 형태로 나타낼 수 있는데, 그 중 한 가지가 $\frac{3}{6}$이다. 사실 다른 모든 분수들과 같이 $\frac{1}{2}$은 무한히 많은 동치 분수들이 있다. 판자의 절반을 길이가 같은 N개의 조각으로 나눈다고 상상하여 보자. 만약 분수 $\frac{1}{2}$의 분모와 분자에 N을 곱한다면(즉, 1보다 더 큰 수를 곱한다면) 어떤 일이 일어나겠는가? 기존의 분수와 동치인 새로운 분수를 얻게 된다. 이러한 논리 과정은 여러 동치 분수들을 만드는 한 가지 방식을 보여준다.

2. 어떤 수에 1을 곱하기

어떤 수에 특별한 수인 1을 곱하면 어떻게 되는가? 우선, 두 분수의 곱셈, 예를 들어, $\frac{3}{4}\times\frac{5}{7}=\frac{15}{28}$처럼 분자는 분자끼리, 분모는 분모끼리 곱하는 것에 대해 살펴보자(이 절차의 원리는 **필수 이해 4a**에서 논의할 것임). 앞서 다룬 판자의 예에서는 $\frac{1}{2}$의 분자와 분모에 각각 3을 곱하였다. 이는 $\frac{1}{2}$에 $\frac{3}{3}$을 곱한 것과 같다. 여기에서 $\frac{3}{3}$은 1과 같다. 다시 말하자면 분자와 분모에 0이 아닌 같은 수를 곱하는 것은 분수에 1을 곱하는 것과 같다.

$$\frac{1\times 3}{2\times 3}=\frac{1}{2}\times\frac{3}{3}=\frac{1}{2}\times 1$$

> **필수 이해 2f**
> 유리수는 연산자로서의 의미를 가진다.

연산자로서의 유리수의 의미에 대한 **필수 이해 2f**는 모든 경우에서 어떤 수에 1(즉, **곱셈의 항등원**)을 곱하면 원래의 값과 동일한 값을 얻게 된다는 사실을 이해하는 데 도움을 준다. 연산자로서 유리수를 사용할 때 내재된 연산은 곱셈이다. 이때 분자는 "확장자"(곱하는 수)로 이용되고, 분모는 "축소자"(나누는 수)로 이용된다. 위의 예시에서 만약 $\frac{3}{3}$을 연산자로서 본다면 분자는 늘고$\left(\frac{1}{2}\times 3=\frac{3}{2}\right)$, 분모는 줄어든다$\left(\frac{3}{2}\div 3=\frac{3}{6}\right)$. 따라서 결과적으로 형태는 다르지만 원래의 수인 $\frac{1}{2}$로 돌아오게 된다.

분수 $\frac{1}{2}$과 $\frac{3}{6}$의 예로 제시된 판자 자르기 상황과 같이 분수 $\frac{a}{b}$의 분자와 분모에 같은 수를 곱하면 설령 다르게 불리는 분수라 하더라도 $\frac{a}{b}$와 동치인 분수가 만들어진다. [생각해보기 1.10]은 곱셈 대신 덧셈으로 이 과정을 탐구한다.

생각해보기 1.10

만일 곱셈 대신 분수의 분자와 분모에 같은 수를 더한다면 어떻게 될까?
$\frac{1}{2}$과 $\frac{1+3}{2+3}$은 동일한가? 만약 다른 수를 선택한다면 어떻게 될까?

[생각해보기 1.10]에서 예로 사용된 $\frac{1+3}{2+3}$의 결과는 $\frac{4}{5}$로 $\frac{1}{2}$과는 분명히 다르다. 분모와 분자에 같은 수를 더할 때, 원래의 분수와 결과로 나온 분수가 동치인 경우는 특수한 경우이다. 일반적으로, 분자와 분모에 0이 아닌 같은 수(즉, 분수에 1을 곱하는 것)를 곱하는 방식으로만 동치 분수를 만들 수 있다.

3. 분수의 "가장 좋은" 형태는 무엇일까?

무한히 많은 분수들이 동일한 유리수를 나타내지만 이 중 하나의 분수가 특정한 목적이나 맥락 내에서 다른 분수들에 비하여 좀 더 적합할 수도 있다. 예를 들어 분수와 동치인 백분율이나 소수를 찾기 위해서는 분모를 10 또는 10의 배수가 되도록 만들어야 한다. 분수를 더하거나 빼거나 비교하기 위해서는 두 분수가 동분모 분수인 경우가 좋다. 예를 들어, 목수가 두께가 $2\frac{5}{8}$인치 목재와 $1\frac{3}{4}$인치인 목재를 서로 포개었을 때의 전체의 두께를 알아야 하는 경우, 목수가 가지고 있는 접자(folding carpenter's rule)에 따라 $1\frac{3}{4}$보다는 $1\frac{6}{8}$ 또는 $1\frac{12}{16}$로 나타내는 것이 더 유용함을 알게 될 수도 있다.

우리는 종종 **가장 간단한 형태**의 분수−즉, 분자와 분모가 1 이외의 공통 인수가 없는 경우−를 원한다. 분수의 분자와 분모가 자연수이므로 동일한 인수(1보다 큰)로 분자와 분모를 나누어 가장 간단한 형태의 동치 분수를 찾을 수 있다. 필요하다면 1보다 큰 공통 인수가 더 이상 존재하지 않을 때까지 공통 인수들로 이 과정을 반복하여 나갈 수 있다. 예를 들어 $\frac{5}{10}$의 경우 분자와 분모를 모두 5(**공통 인수**)로 나누어 $\frac{1}{2}$을 얻을 수 있다. 또한 $\frac{210}{360}$의 경우, 우선 분자와 분모를 10으로 나누어 $\frac{21}{36}$을 얻고, 3으로 나누어 $\frac{7}{12}$을 얻을 수 있다. 또는 먼저 3으로 나누어 $\frac{70}{120}$으로 얻은 후 2로 나누어 $\frac{35}{60}$를 만들고, 마지막으로 5로 나누어 가장 간단한 형태인 동치 분수 $\frac{7}{12}$을 얻게 된다.

4. 분수 비교하기

앞서 살펴본 바와 같이 두 분수의 동치 여부를 알아보기 위해서는 다양한 방법을 사용할 수 있다. 만약 두 분수가 동일한 유리수는 아니지만 동분모 분수라면 그 중 하나는 다른 것보다 분명히 크다. 예를 들어 $\frac{5}{6}$와 $\frac{5}{8}$ 중에서 어느 것이 더 큰지를 알아본다고 가정해보자. 아마 가장 많이 이용되는 방법은 두 분수를 공통 분모를 갖는 동치 분수로 바꾸는 것이다. $\frac{20}{24}$이 $\frac{15}{24}$보다 더 크기 때문에 $\frac{5}{6}$가 $\frac{5}{8}$보다 더 크다는 결론을 내릴 수 있다. 다른 방법으로는, 두 분수의 분자가 동일하기 때문에 어떤 분수가 더 큰지를 추론하여 보는 방법도 가능하다. 우선 6등분된 조각과 8등분된 조각 중 어떤 조각이 더 클지 생각하여 볼 수 있다. 만약 각 분수의 단위가 같다면 결과적으로 8등분된 조각이 6등분된 조각보다 더 작을 것이다([그림 1.10] 참고). 분자는 5이므로 6등분된 조각 5개와 8등분된 조각 5개를 생각하여 보면 $\frac{5}{6}$가 $\frac{5}{8}$보다 더 크다고 결론지을 수 있다.

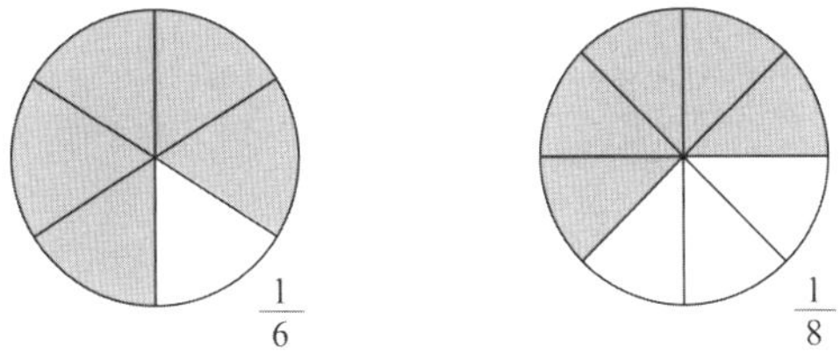

[그림 1.10] 이분모인 단위 분수의 비교

세 번째 방법은 벤치마크(benchmarks)로 두 분수를 비교하는 것이나. $\frac{5}{6}$는 1보다 $\frac{1}{6}$만큼 작지만, $\frac{1}{2}$보다는 $\frac{2}{6}$만큼 더 큰 수이고, $\frac{5}{8}$는 $\frac{1}{2}$보다 $\frac{1}{8}$만큼 더 크지만 1보다는 $\frac{3}{8}$만큼 작다는 추론을 바탕으로 $\frac{5}{6}$는 1에 더 가깝고, $\frac{5}{8}$는 $\frac{1}{2}$에 더 가깝다는 것으로 생각할 수 있다.

2) 유리수와 조밀성

필수 이해 3b. 임의의 두 유리수 사이에는 무한히 많은 유리수가 존재한다.

우리는 각 유리수가 **동치 분수**라고 하는 많은 분수 형태를 가지고 있음을 알고 있다. 두 분수가 동치가 아닐 경우 그 중 하나는 다른 하나보다 반드시 더 크다. 이 중요한 아이디어들은 다음 주제인 **조밀성**(density)으로 나아갈 수 있도록 해준다. [생각해보기 1.11]에서 이 주제를 소개하고자 한다.

생각해보기 1.11

$\frac{11}{13}$과 $\frac{12}{13}$ 사이에 존재하는 서로 다른 유리수 3개를 찾으시오.

유리수는 범자연수들 사이의 간격을 메우는 데 도움이 된다. 앞서 살펴본 바와 같이, 유리수는 정확히 범자연수에 해당되지 않는 측정값을 언급할 수 있도록 해준다. 예를 들어, 2와 3 사이에 $2\frac{1}{2}$, $2\frac{5}{11}$, $2\frac{6}{11}$(또는 $\frac{5}{2}$, $\frac{27}{11}$, $\frac{28}{11}$)들을 쉽게 찾을 수 있다. 하지만 이와 관련된 아이디어는 생각지 못한 것일 수 있다.

다음 질문으로 이 아이디어에 접근해보자. $\frac{27}{11}$과 $\frac{28}{11}$ 사이의 유리수를 찾을 수 있을까? [그림 1.11]을 보자. 명명된 유리수들이 없는 것처럼 보이기도 하지만 다른 한편으로는 다른 어떤 수들의 공간이 있는 것처럼 보이기도 한다. 실제로 여기에는 상상할 수 없을 만큼 많은 공간들이 있다.

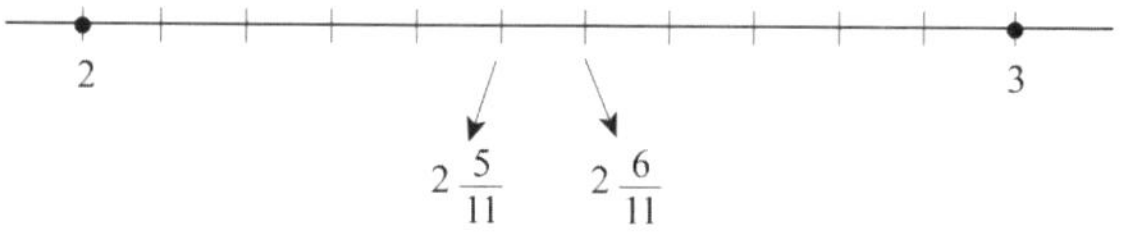

[그림 1.11] 수직선에서 두 유리수 사이의 공간

자연스러운 첫 반응은 다음과 같은 질문이다. 이는 "적절한 형태"를 벗어났기 때문에 종종 간과되는 것 중에 한 가지이다.

$$\frac{27\frac{1}{2}}{11}\text{은 어떠한가?}$$

이 질문에 나타난 상당히 어색해 보이는 수 표현은 유리수인가? 유리수인지를 판단하기 위해서는 그 표현이 두 정수의 몫으로 **쓸 수 있는지를** 알아보아야 한다. 이 **복잡한 분수**(적어도 x와 y 중 하나는 그 자체로 분수이고, y는 0이 아니라고 할 때 $\frac{x}{y}$의 형태로 된 표현)의 분자와 분모에 모두 2를 곱하면 $\frac{55}{22}$가 된다. 그러므로 이 유리수는 $\frac{27}{11}$과 $\frac{28}{11}$의 정확히 중간에 존재한다.

지금 우리는 놀라운 부분을 살펴보고 있다. 분자와 분모에 공통 인수를 곱하는 방법을 반복하여 $\frac{27\frac{1}{2}}{11}$이 $\frac{110}{44}$, $\frac{1100}{440}$,

$\frac{11000}{4400}$ 등과 동치임을 알 수 있다. $\frac{27}{11}=\frac{10800}{4400}$이고 $\frac{28}{11}=\frac{11200}{4400}$이므로 $\frac{10800}{4400}$과 $\frac{11200}{4400}$ 사이의 많은 유리수들을 찾을 수 있으며, 그 모든 수는 $\frac{27}{11}$과 $\frac{28}{11}$ 사이에 있는 것이다. 사실상 이 과정을 계속 반복한다면 두 유리수 사이에 존재하는 유리수를 원하는 만큼 발견할 수 있다.

수학자는 이와 같은 유리수의 속성을 **조밀성**이라고 지칭한다. 어떠한 두 유리수 사이에 또 다른 유리수를 찾을 수 있다. 이 속성은 두 유리수가 아무리 가까이 있어도 그 사이에는 무수히 많은 서로 다른 유리수들이 존재함을 알려준다. 이를 측정의 관점으로 보면 유리수는 우리가 원하는 만큼의 정확성을 제공할 수 있다는 점을 알 수 있다.

만약 수직선 위의 모든 유리수를 표시하는 것을 상상하여 보면, 모든 이웃하는 두 정수들 사이에 빈틈이 있어서 수직선은 정수에 대응하는 이산(분리된) 점들과 대응할 수 없다는 것을 알 수 있다. 대신, 정수 사이의 "빈틈"은 특정 유리수에 대응되는 서로 다른 무한개의 점들을 담고 있게 되어 수직선이 꽉 찬 **연속적**인 것으로 보일 수 있다. 하지만 π나 $\sqrt{2}$와 같은 **무리수**를 가지고 있는 실수의 수직선에서는 여전히 "빈틈"이 존재한다. 이와 관련하여 2장에서 더 상세하게 논의하고 설명하고자 한다.

3) 유리수를 소수 형태로 나타내기

필수 이해 3c. 유리수는 소수로 표현될 수 있다.

지금까지, 우리는 분수에 대해 상세하게 살펴보았다. 유리수는 분수의 형태로 표현되지만 소수의 형태로 표현될 수도 있다. 사실 실생활에서 우리가 접하는 유리수의 대부분은 소수의 형태이다. 소수는 미터 측정법의 본질이며, 과학기술 분야에서 상당히 유용하게 쓰인다.

학생들이 가장 쉽게 소수점을 접하게 되는 상황은 (미국에서) 돈에 관련되는 맥락이다. 어린 학생들은 아마도 $2.35와 같은 표현들이 두 가지의 **단위** −즉, 2**달러**와 35**센트**−를 표현하는 것이라고 생각할 수 있다. 그러나 소수의 의미에 따라 $2.35는 오직 하나의 단위(즉, 1달러)를 가진다. 소수는 소수점의 왼쪽에는 범자연수, 오른쪽에는 단위보다 작은 부분들로 구성된다. 따라서 $2.35라는 양은 "2와 백분의 35달러(two와 thirty−five hundredths dollars)"라고 읽을 수 있다. 분수 형태를 사용하면 2달러와 1달러의 $\frac{35}{100}$, 또는 $2\frac{35}{100}$달러라고 할 수 있다.

1. 역사

우리가 범자연수의 표기에 사용하는 인도−아라비아 수 체계에서 1400년 이상의 기간 동안 소수를 포함시키기 위한 확장이 이루어지지 않았다는 사실은 놀랍게 여겨진다. 1585년 유럽에서 사이먼 스테빈(Simon Stevin)이 소수의 중요성을 인식하고 처음으로 소수의 상세한 개념을 발표하였을 당시에 아랍인과 중국인들은 이미 수 세기 동안 소수를 사용하고 있었다. 1670년에 프랑스의 신학자이자 수학자인 가브리엘 무통(Gabriel Mouton)은 소수 체계의 사용을 일반화하자고 제안하였으며, 10으로 나누는 표준화된 길이 측정법을 제안하였다.

1790년에 토마스 제퍼슨(Thomas Jefferson)은 미국 하원에서 소수를 기반으로 하는 측정 체계를 제안하였고, 위원회는 이 계획에 대해 심각하게 논의하였지만 한 표 차로 채택되지 못하였다. 하지만 1792년에 미국 창건자들이 십진제 통화 체계를 인가하고 사용하기 시작했다. 제퍼슨은 달러의 백분의 일은 라틴어로 "100"에 해당하는 centum에 기원하여 센트(cent), 달러의 십분의 일은 라틴어에서 **십분의 일** 또는 **10등분**을 의미하는 decima로부터 **다임**(dime)으로 칭하자는 아이디어를 제안하였다.

소수와 소수 체계의 역사에 관한 정보는 http://didyouknow.org/decimal/ 그리고 http://www.france-property-and-information.com/metric-system-and-history.htm에서 찾을 수 있다.

소수에 기초한 통화에 있어서 Jefferson의 관심사는 http://wiki.monticello.org/mediawiki/index.php/currency에서 찾을 수 있다.

2. 성질

범자연수의 수 체계는 네 가지 성질(십진, 위치, 곱셈, 덧셈)을 기반으로 한다(Ross, 1989). 범자연수 527을 예로 들어 작성된 [그림 1.12]를 통하여 범자연수의 4가지 성질을 살펴보자. 표의 윗줄에 제시된 한 자리의 **수**들은 각 자리의 값에 대응하는 "액면값"을 나타낸다. 표의 아랫줄에 제시된 자릿값들은 각 위치의 값들, 즉 **십진 자릿값**들을 나타낸 것이다. 각 숫자의 액면값과 자릿값을 **곱하고** 이를 **더하면** 해당 수가 된다.

$$(5\times100)+(2\times10)+(7\times1)=527$$

액면값	5	2	7
자릿값	백	십	일

[그림 1.12] 527로 범자연수의 자릿값을 설명한 표

소수는 1을 단위로 하는 범자연수와 동일한 기본 수 체계를 사용한다. 소수점 오른쪽에 있는 숫자들은 계속해서 십진 위치 체계가 이어지는 자릿값을 사용한다. 오른쪽으로 옮겨가면서 각 자릿값은 이전 자리의 값에 $\frac{1}{10}$이 된다. [그림 1.13]에 제시된 표와 식은 십진 위치 체계가 527.384에서 어떻게 작용하는지 보여주고 있다. 우선 각 자리의 숫자와 자릿값을 곱한다 (5×100, 2×10, $\cdots$, $4\times\frac{1}{1000}$). 다음으로 그 결과들을 모두 합하면($500+20+\cdots+\frac{4}{1000}$) 527.384를 얻게 된다. 소수점 오른쪽 부분은 "천분의 삼백팔십사"(또는 간단히 일련의 숫자로 "점 삼팔사")라고 읽는다. [생각해보기 1.12]는 다음 주제를 이끄는 분명한 질문을 제기한다.

액면값	5	2	7	.	3	8	4
자릿값	100	10	1		$\frac{1}{10}$	$\frac{1}{100}$	$\frac{1}{1000}$

$$527.384 = (5\times 100)+(2\times 10)+(7\times 1) + \left(3\times \frac{1}{10}\right)+\left(8\times \frac{1}{100}\right)+\left(4\times \frac{1}{1000}\right)$$

[그림 1.13] 527.384를 이용하여 소수의 자릿값을 설명한 표

생각해보기 1.12

모든 유리수는 소수로 나타낼 수 있을까?
소수는 어떤 형태를 취할 수 있는가?

3. 분수를 소수로 나타내기

$\frac{180}{1000}$과 같이 분수의 분자가 범자연수이고 분모는 10의 거듭제곱일 때, 해당 분수와 동치인 소수를 찾는 것은 비교적 간단하다. $\frac{1}{1000}$은 소수의 셋째자리가 된다. 소수로는 0.180이 된다. 0과 1 사이에 수를 소수로 나타날 때 명확하게 나타내기 위하여 전치영(前置零, leading zero)을 사용한다. 분모가 10의 거듭제곱이 아닌 분수에 대해서는, 분모를 10의 거듭제곱이 되게 하고, 분자를 정수로 하는 동치 분수를 찾을 수 있고, 그 결과로 분수를 소수로 쉽게 쓸 수 있다. 어떤 분수는 쉽게 바꿀 수 있다. 예를 들어 $\frac{1}{2}$은 $\frac{5}{10}$와 동치이고, 이는 0.5와 동일하다.

$\frac{5}{8}$와 동치인 소수를 어떻게 찾을 수 있을까? $\frac{5}{8}$의 의미 중 하나는 5를 8로 나눈 몫이다. 기존의 지필 알고리즘이나 계산기 등을 이용하여 이 나눗셈을 하면, 0.625가 나온다([그림 1.14] 참고). 이러한 소수점 아래에 있는 숫자의 개수가 유한인 소수를 **유한 소수**(terminating decimal)라고 부른다. (그러나 0.6250 또는 0.62500 등을 얻기 위해 끝에 0을 덧붙일 수 있다. 이러한 0 사용의 가능함은 측정 맥락에서의 정밀성을 의미한다. 2장은 정밀성에 대하여 좀 더 상세히 논의할 것이다.)

```
      0.625
8 ) 5.000
    4 8
    ----
      20
      16
    ----
       40
       40
    ----
        0
```

[그림 1.14] $\frac{5}{8}$와 동치인 소수

$\frac{1}{3}$과 동치인 소수는 무엇인가? 1을 3으로 나누면, **순환 소수**(repeating decimal)인 0.3333333…을 얻게 된다(생략은 소수가 계속 이어짐을 나타내고 간단하게 "반복"이라고 읽는다). 순환 소수는 소수점 아래의 어떤 자리에서부터 앞으로 나가면서부터(왼쪽부터 오른쪽으로) 일정한 숫자의 배열이 한없이 되풀이된다. 반복되는 숫자의 배열을 **순환마디**(repetend)라고 하는데, 순환마디는 단순히 한 개 또는 유한개의 숫자로만 구성된다. 예를 들어 $\frac{7}{22}$은 소수로는 0.3181818…이고 순환마디는 "18"이다. **순환마디 막대**는 $0.3\overline{18}$과 같이 반복되는 유한개의 숫자 배열을 나타내기 위하여 사용된다. 순환 소수에서 발전된 규칙들은 중요한 아이디어를 이끌어 낸다. [생각해보기 1.13]은 그 중 한 가지에 대하여 탐구한다.

생각해보기 1.13

> $\frac{3}{7}$을 소수로 바꾸기 위해서 3을 7로 나눌 수 있다.
>
> 세로셈 알고리즘을 사용하여 나눗셈을 할 때 어떤 규칙을 발견할 수 있는가? 왜 그러한가?

지필 방법으로 이를 계산하게 되면, [그림 1.15]에서 제시된 바와 같이 순환마디를 찾게 된다. 3과 7의 나눗셈의 결과는 0.428571428571428571…이다. 순환마디는 여섯 마디이고 이것은

나누는 수(7)보다 하나 적다. 이것이 과연 우연일까? 한 자연수를 다른 수로 나눌 때, 유리수 $\frac{p}{q}$에 있어서 오직 q가지의 나머지만을 구할 수 있다(0부터 $q-1$까지). 예를 들어, q를 7이라고 한다면 가능한 나머지는 0, 1, 2, 3, 4, 5, 6이다. 세로셈의 각 단계는 이 나머지 중 한 가지를 결과로 얻게 된다. 만약 나머지가 0이라면 그 소수는 끝이 난다. 그렇지 않고 나머지가 일정한 규칙에 따라 반복될 경우 소수인 몫에서도 반복된 규칙이 나타나게 된다. 이때 오직 **0이 아닌** $q-1$가지의 나머지만 존재하기 때문에 순환마다 속에는 고작 $q-1$개 숫자만 포함될 수 있다.

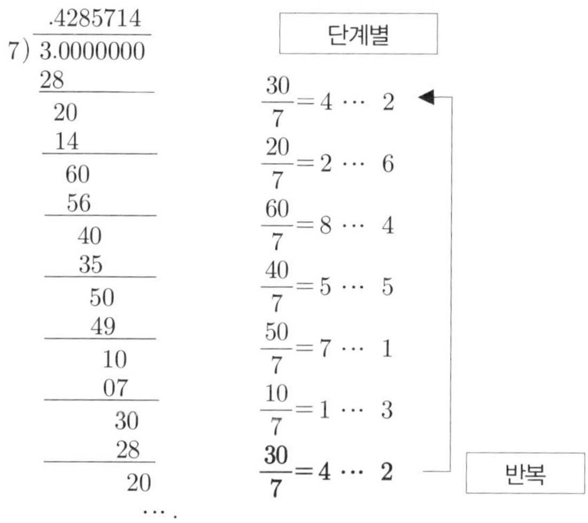

[그림 1.15] 3을 7로 나누는 과정

이러한 분석에서 드러나는 중요한 아이디어는 **어떠한** 유리수도 유한 소수 또는 순환 소수로 표현될 수 있다는 것이다. 더 나아가 기약분수로 나타냈을 때 분모의 소인수가 2나 5뿐인 유리수는 항상 유한 소수가 됨을 확실하게 설명하여 준다.

모든 유리수는 소수로 나타낼 수 있다. 그 반대의 경우도 사실일까? [생각해보기 1.14]를 통해 이 질문에 관하여 생각하여 보자.

생각해보기 1.14

모든 소수를 분수로 나타낼 수 있을까?

8.427과 같은 유한 소수는 분수 형태$\left(\frac{8427}{1000}\right)$로 쉽게 바꿀 수 있다. 또한 모든 순환 소수는 분수로 나타낼 수 있다. [그림 1.16]은 0.333…과 동치인 분수를 찾는 방법을 보여준다. 이 방법은 **모든** 순순환 소수(positive repeating decimal)와 동치인 분수를 찾는 데 사용될 수 있다. 사실, 이 방법을 적용해볼 만한 흥미로운 소수 중 하나가 0.9999…인데, 유리수로 나타낸 결과들을 보면 아마 놀랄 것이다.

$$\begin{array}{rcl} x & = & 0.3333\cdots \text{ 이라 하면} \\ 10x & = & 3.3333\cdots \\ 10x & = & 3.3333\cdots \\ -\ 1x & & -0.3333\cdots \\ \hline 9x & = & 3 \\ x & = & \frac{3}{9} \end{array}$$

[그림 1.16] 순환 소수를 분수로 바꾸기

모든 유리수는 유한 소수와 순환 소수로 바꿀 수 있으며, 그 역도 마찬가지이다. **비순환 소수**(non-repeating decimal, **끝이 없는 소수**)라는 또 다른 종류의 소수가 있다. 이 소수는 무리수를 나타내는데, 분수로는 표현할 수가 없다. (무리수에 대해 2장에서 더 논의하고자 한다.) 따라서 [생각해보기 1.14]에 제시된 질문의 답은 어떤 종류의 소수를 대상으로 하는가에 따라 다르다.

핵심 아이디어 3에서는 다양한 형태로 표현된 유리수들 간의 동치 관계를 이해하는 데 초점을 맞추었다. 동치 관계에 관한 생각은 **핵심 아이디어** 4에서 다루어질 유리수의 연산을 이해하기 위한 기초가 된다.

Big idea

핵심 아이디어 3
모든 유리수는 동치 관계에 있는 무한히 많은 기호 형태로 표현될 수 있다.

Big idea

핵심 아이디어 4
유리수 계산은 범자연수 계산이 확장된 것이지만, 몇 가지 새로운 아이디어와 과정이 도입된다.

핵심 아이디어 4

유리수의 계산

Big idea

유리수 계산은 범자연수 계산이 확장된 것이지만 몇 가지 새로운 아이디어와 과정이 도입된다.

유리수의 사칙 연산은 그 의미의 이해를 위하여 일부를 조정해야 하는 경우가 있기는 하지만 대부분의 경우 범자연수의 연산과 동일한 방식으로 이해가 가능하다. 아래의 논의에서 우리는 이러한 의미들이 어떻게 분수와 소수의 연산을 위한 전략과 알고리즘을 유발하는지를 밝히기 위하여 핵심 아이디어 4를 "분석(unpack)"하고자 한다. 우리는 기호적 형태에서는 추상적이고 임의적으로 보이는 문제들에 관한 이해를 돕기 위하여 시각적이며 구체적인 표현과 예시들을 제공하였다. 이러한 예시들은 계산과 어림의 "옳은 방식"을 보여주려는 의도를 담고 있는 것이 아니다. 대부분의 문제를 해결하는 데는 그에 적합한 효과적인 해결 전략들이 많이 존재한다. 대신, 예시의 목적은 유리수 연산의 표준화된 계산법에 관한 이해를 높이는 데 있다.

유리수 연산의 여러 측면들이 범자연수 연산으로부터 똑같이 나온다. 범자연수의 연산에서 성립하는 여러 가지 성질들(덧셈과 곱셈의 결합 법칙, 덧셈과 곱셈의 교환 법칙, 덧셈에 대한 곱셈의 분배 법칙, 덧셈의 항등원 0과 곱셈의 항등원 1)은 유리수 연산에서도 성립한다. 핵심 아이디어 4에 관한 첫 번째 필수 이해에서는 유리수 연산의 다른 측면들을 다루고, 두 번째 필수 이해에서는 어림과 암산을 다룬다.

1) 유리수 연산과 알고리즘에 대한 이해

필수 이해 4a. 유리수 연산의 의미는 본질적으로 범자연수와 같지만, 일부 의미는 조정이 필요하고 알고리즘이 서로 다르다.

어린이들이 처음으로 범자연수로 연산을 다루는 일반적인 방식은 가장 먼저 덧셈을 하고, 뒤이어 뺄셈을 하는 것이다. 이후에 유리수를 다루는 방식도 범자연수의 방식을 따르게 된다. 이에 유리수 연산에 대한 논의를 덧셈과 뺄셈으로 시작하고자 한다.

1. 덧셈과 뺄셈

덧셈과 뺄셈의 의미는 수가 복잡해지더라도 바뀌지 않는다. $1\frac{1}{2}$컵의 체다 슬라이스 치즈 가루와 스위스 치즈 $\frac{3}{4}$컵을 함께 섞으라는 요리법과 같이 덧셈은 합병[5]을 의미한다. 뺄셈은 **제기**(Jean은 가지고 있던 4.37달러로 1.75달러의 주스 한 병을 샀다)와 **비교**(2.6마일 달리기 대 3.4마일 달리기), **미지의 더해지는 수 찾기**[6](주가가 개장 시에는 $12\frac{3}{8}$이었고 폐장 시에는 $13\frac{1}{4}$이었다)를 의미한다.

분수 덧셈의 과정에 대해 알아보기 위하여(뺄셈도 비슷한 추론을 사용한다) 비교적 간단한 사례인 동일한 단위를 사용하는 분모가 같은 두 분수를 사례로 들어보자. 이러한 분수들을 **동분모 분수**라고 부른다($2x$와 $3x$와 같이 대수의 **동류항**과 유사한 개념이다). 만약 $\frac{2}{7}$와 $\frac{3}{7}$을 더한다고 생각하여 보자. (필수 이해 2c)에 제시되었던 것처럼 $\frac{2}{7}$는 단위 분수 $\frac{1}{7}$이 두 개 합쳐

필수 이해 2c
유리수는 측정으로서의 의미를 가진다.

5) [역자 주] 시차를 기준으로 동시에 존재하는 것을 더하는(빼는) 방식을 합병(비교), 순차적으로 덧붙이는(제거하는) 방식을 첨가(제거)라고도 한다. 이 둘의 차이는 동시성(同時性)이다.
6) [역자 주] 더하여 같게 만드는 방법이라고 하여 '등화'라고도 한다.

진 양으로 볼 수 있다. $2x$와 $3x$가 결합하여 $5x$가 되는 것처럼, 다른 방식으로 $2x+3x=5x$와 같이 칠분의 일 2개와 칠분의 일 3개의 합은 칠분의 일 5개가 된다(이처럼 합은 유리수 또는 대수에서의 덧셈에 대한 곱셈의 분배 법칙을 이용하여 형식적으로 설명할 수 있다). [그림 1.17]은 방금 살펴본 동분모 분수의 합을 나타낸 것이다.

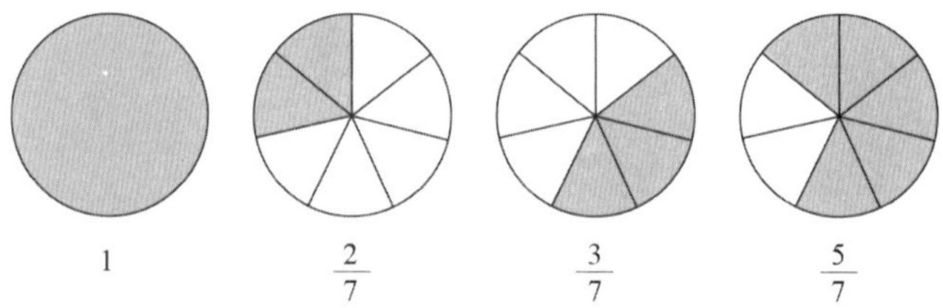

[그림 1.17] 동분모 분수의 합 : $\frac{2}{7}+\frac{3}{7}=\frac{2+3}{7}=\frac{5}{7}$

분수 용어는 분수를 합하는 과정의 의미를 이해하는 데 도움이 된다. 우선 분수의 분모는 분수에서 나누어진 조각이 **어떠한 종류인지**, 즉 분수에서 사용하는 단위 분수가 무엇인지 알려준다(화폐의 **액면가**에 비유될 수 있다. 5달러 화폐와 20달러 화폐는 종류가 다른 화폐이다). 다음으로 분자는 나누어진 조각들을 **얼마나** 가지고 있는지 **헤아리거나** 세는 것으로 볼 수 있다. 그래서 $\frac{2}{7}$와 $\frac{3}{7}$과 같은 두 동분모 분수를 더한 값을 구하기 위해서는 분자끼리 더하게 된다. 반면 분모(분수를 구성하는 단위 분수의 종류)는 그대로 둔다.

하지만 아쉽게도 $\frac{2}{7}$와 $\frac{3}{5}$과 같이 분모가 다른 두 분수의 덧셈의 경우에는 이와 같은 방식이 적용되지는 않는다. 어떤 것(단위 분수 $\frac{1}{7}$) 2개와 어떤 것(단위 분수 $\frac{1}{5}$) 3개를 합하면, 어떤 것 5개를 얻어야 한다. 하지만 $\frac{1}{7}$이 5개인가? $\frac{1}{5}$이 5개인가? 어떤 것인가? [그림 1.18]은 이 딜레마를 보여준다. 두 분수 사이에 동일한 부분 단위가 정해지지 않았기 때문에 어떤 단위 분수로 결괏값을 나타내야 할지 판단하기 어렵다. 그러면 어떻게 적절한 부분 단위를 사용하여 $\frac{2}{7}+\frac{3}{5}$을 수량화하여 나타낼 수 있겠는가?

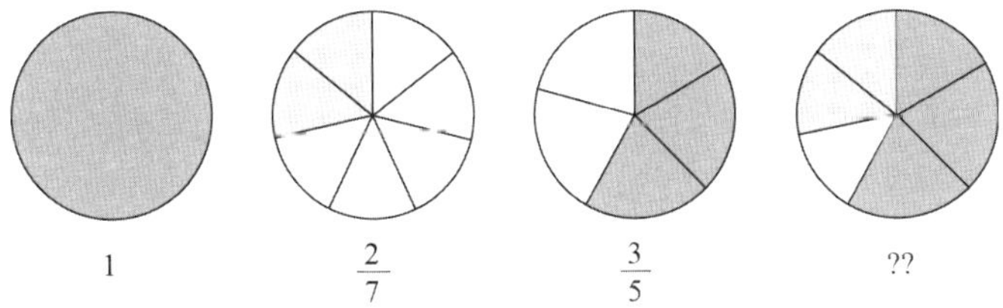

[그림 1.18] 이분모 분수의 합 : $\frac{2}{7}+\frac{3}{5}=?$

합을 $\frac{5}{\text{어떤 것}}$와 같이 지칭하기보다는 다른 전략을 사용한다. 만약 두 분수의 형태를 합을 구할 수 있는 동분모 분수로 바꾸면, 합이 얼마인지 알 수 있다. 이 과정은 다양한 모델로 표현할 수 있지만 여기에서는 직사각형 넓이 모델을 사용하고자 한다. [그림 1.19]는 직사각형 전체를 기본 단위로 삼고, 단위의 $\frac{2}{7}$는 세로로, 단위의 $\frac{3}{5}$은 가로로 등분한 후 색으로 나타내었다.

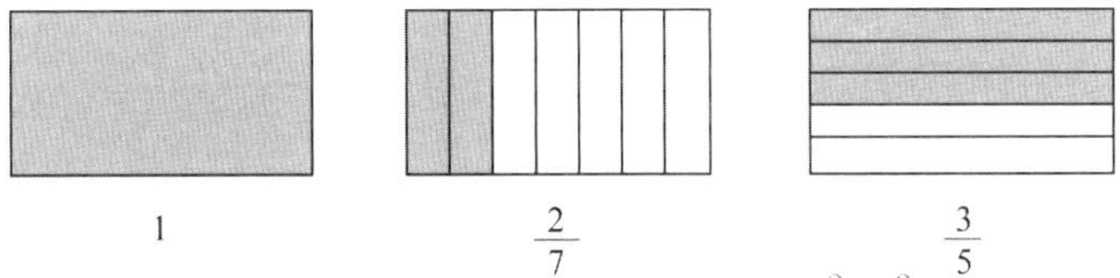

[그림 1.19] 분수의 덧셈, 수 표현하기 : $\frac{2}{7}+\frac{3}{5}$

$\frac{2}{7}$와 $\frac{3}{5}$을 동일한 크기인 직사각형 모양의 단위로 세분하기 위하여 [그림 1.19]의 두 번째 직사각형을 가로로 5등분하였고, 세 번째 직사각형을 세로로 7등분하였다. [그림 1.20]은 짝이 되는 분수와 동일한 방식으로 각 직사각형을 추가 분할한 결과를 보여준다.

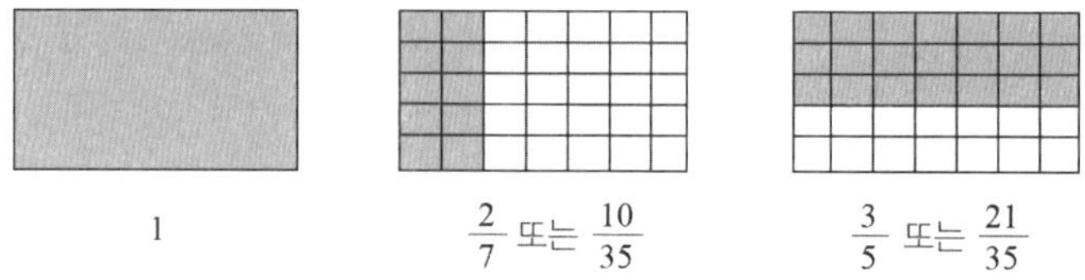

[그림 1.20] 분수의 덧셈, 공통분모 찾기 : $\frac{2}{7}+\frac{3}{5}=\frac{10}{35}+\frac{21}{35}$

두 분수는 처음의 분수와 동치인 동분모 분수가 되었다. [그림 1.21]에서 나타나듯이 색칠된 부분은 동일한 직사각형들을 단위로 하는 분수 $\frac{31}{35}$이다.

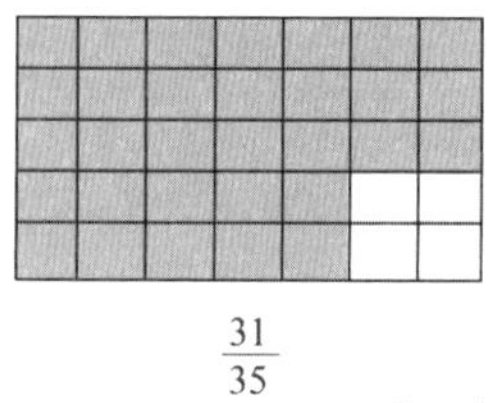

[그림 1.21] 분수의 덧셈, 풀이 완성 : $\frac{2}{7}+\frac{3}{5}=\frac{10}{35}+\frac{21}{35}=\frac{31}{35}$

한 직사각형이 전체일 때, 더하는 분수 중 하나는 전체를 가로선으로 등분하여 색으로 나타내고, 다른 하나는 세로선으로 등뷴하여 색으로 나타내는 방식으로 도식화하면 자동적으로 두 분수의 공통분모가 만들어진다. 두 분수를 더하는 표준화된 형식적 절차에도 이 과정이 반영되어 있다. 이 과정은 분수 덧셈의 형식적 정의를 따른다.

합 $\frac{a}{b}+\frac{c}{d}$는 $\frac{ad+bc}{bd}$와 같다.

앞서 제시한 예시의 결과는 다음과 같은 일련의 과정을 거쳐 얻은 것이다.

$$\begin{aligned}\frac{2}{7}+\frac{3}{5} &= \frac{2}{7}\cdot\frac{5}{5}+\frac{3}{5}\cdot\frac{7}{7}=\frac{2\cdot 5}{7\cdot 5}+\frac{3\cdot 7}{5\cdot 7}\\ &= \frac{2\cdot 5}{7\cdot 5}+\frac{7\cdot 3}{7\cdot 5}=\frac{2\cdot 5+7\cdot 3}{7\cdot 5}\end{aligned}$$

이 중 몇 가지 단계는 분수의 곱셈과 유사한 부분이 있다. 이 과정을 통하여 얻은 공통분모가 언제나 두 분모의 최소공배수인 것은 아니라고 앞서 밝힌 바 있다. [생각해보기 1.15]에서는 분수의 덧셈과 뺄셈에서 공통분모가 두 분모의 최소공배수인지의 여부가 과연 중요한지를 살펴본다.

생각해보기 1.15

분수의 덧셈·뺄셈을 할 때 반드시 최소인 공통분모를 사용하는가? 그러한 이유 또는 그렇지 않은 이유는 무엇인가?

$\frac{3}{4}$과 $\frac{5}{6}$와 같이 두 가지 이상의 분수들의 분모 간에 1보다 큰 공통 인수가 존재할 경우, 반드시 분모의 곱(24)보다 작은 공통분모(이 경우에는 12)가 존재한다. 더 작은 공통분모를 찾는 것은 효율성이 높음과 동시에 복잡성도 높다. 중요한 것은 분수의 덧셈과 뺄셈을 위해서는 **하나의** 공통분모가 꼭 필요하다는 점이다. 공통분모가 가장 작은 것일 필요는 없다. 즉, 어떠한 공통분모라도 사용할 수 있다.

어떠한 공통분모라도 사용할 수 있다는 아이디어는 소수의 덧셈에도 도움이 된다. 우리 중 대부분이 32.4와 6.17과 같은 소수들을 더하거나 뺄 때, 일단 **소수점을 맞추라고** 배웠을 것이다. 이 방법이 통하는 이유는 [그림 1.22]에 제시된 것처럼 동일한 자릿값(백분의 일과 백분의 일, 십분의 일과 십분의 일, 일과 일 등)끼리 대응시키기 위하여 숫자들을 정렬하는 것이기 때문이다. 소수의 각 자릿값은 고정된 분모로 된 분수(예, $\frac{1}{10}$)라고 볼 수 있기 때문에 해당 열에 있는 숫자들을 더하는 것은 동분모 분수를 더하는 것(예, $\frac{4}{10}+\frac{1}{10}$)과 동일하며, 해당 열에 합(필요 시 다시 묶어서)이 위치하는 것은 적합한 값 $\left(\frac{5}{10}\right)$을 나타내는 것이다.

십의 자리	일의 자리	.	소수 첫째 자리	소수 둘째 자리
3	2	.	4	
	6	.	1	7
3	8	.	5	7

[그림 1.22] 32.4+6.17인 소수의 덧셈

표준화된 소수의 덧셈 알고리즘이 가지는 또 다른 의미도 논의할만한 가치가 있다. 전체를 고려해보면 32.4는 $\frac{324}{10}$를, 6.17은 $\frac{617}{100}$을 의미한다. 첫 번째 분수를 동치인 $\frac{3240}{100}$으로 바꾸어서 쉽게 두 분수를 동분모 분수로 만들 수 있다. [그림 1.23]에서와 같이 **동형소수**(소수점의 오른쪽에 같은 개수만큼의 숫자를 가지는 소수)의 합으로 구할 수 있다.

각각의 자릿값을 알려주는 소수점에 맞추어 오른쪽을 기준으로 열을 정렬함으로써 같은 자리의 숫자들의 합을 구할 수 있다.

$$\begin{array}{r} 32.40 \\ +\ \ 6.17 \\ \hline 38.57 \end{array}$$

[그림 1.23] 동형소수를 이용한 소수의 덧셈

2. 곱셈

직사각형 모양은 사각으로 배열된 개체들의 수(책상 5개씩 3줄) 또는 직사각형의 넓이(폭 3, 길이 5)를 통해 곱을 보여주는 방식으로 두 범자연수의 곱에 관한 일반적인 모델을 제시한다. 유리수의 연산에서는 상황에 따라 직사각형 배열이 의미 있을 수도 의미 없을 수도 있다. 책상이 $5\frac{1}{3}$개씩 $3\frac{1}{2}$줄 있는 상황은 말이 되지 않는다. 하지만 $\frac{2}{3}\times\frac{3}{5}$의 경우 [그림 1.24 a]에 전체 동그라미 중에서 가로줄 $\frac{2}{3}$ 중 세로줄 $\frac{3}{5}$으로 해석 가능하여 색칠된 동그라미들로 표현할 수 있다(물론 우리는 유리수의 교환법칙에 따라 세로줄 $\frac{3}{5}$ 중 가로줄 $\frac{2}{3}$로 이야기할 수도 있다). 만약 $\frac{2}{3}\times\frac{3}{5}$을 개별의 대상들이 나열된 상황이 아닌 연속된 넓이로 생각하여 본다면, 대상을 헤아리는 대신 길이와 넓이를 측정함으로써 어떤 단위를 임의의 부분으로 재분할하게 된다. [그림 1.24 b]는 **단위 정사각형**(가로와 세로의 길이는 단위 길이이며, 넓이는 단위 넓이임)과 $\frac{2}{3}\times\frac{3}{5}$을 의미하는 색칠된 직사각형을 나타낸 것이다.

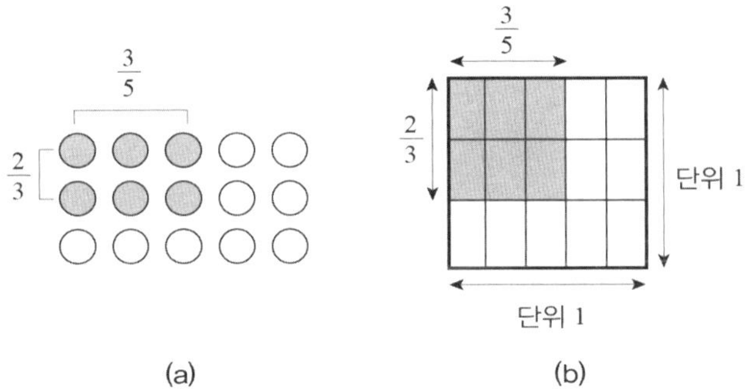

[그림 1.24] 분수 곱셈의 두 가지 모델 : $\frac{2}{3}\times\frac{3}{5}$

이러한 도식들은 두 분수의 곱셈 알고리즘을 정확하게 설명하여 준다. 두 사례 모두 두 가지 범주에 해당되는 단위 중 하나는 3등분되고, 다른 것은 5등분되어 전체를 15등분하게 된다. 즉, 이 과정을 거쳐 나뉜 부분은 분모의 곱이 된다. 또한 색칠된 직사각형 조각들은 분자의 곱을 나타낸다.

$$\frac{2}{3}\times\frac{3}{5}=\frac{2\times3}{3\times5}$$

위의 식에서는 등분된 15조각 중의 6조각 즉 $\frac{6}{15}$을 명확히 드러내준다(여기서 사용한 예로 연산의 절차를 설명하려면 곱한 결과를 기약분수인 $\frac{2}{5}$로 나타내는 것보다는 $\frac{6}{15}$으로 나타내는 것이 더 적절하다). 두 도식들은 모두 분수 곱셈의 형식적 정의를 나타내는 시각적 모델이 된다.

$$\frac{a}{b} \times \frac{c}{d} \text{는 } \frac{ac}{bd} \text{와 같다.}$$

분수의 곱셈을 모델링한 이전 논의에서 실제 상황에 속하는 양을 사용하지 않고 분수의 추상적인 개념을 그대로 사용하였다. [생각해보기 1.16]에서는 추상적 상황을 구체적 상황으로 바꾸는 것에 대해 살펴본다.

생각해보기 1.16

[그림 1.24 a]에 제시된 $\frac{2}{3} \times \frac{3}{5}$의 의미에 맞는 "실제(real)" 상황은 무엇일까? [그림 1.24 b]의 경우는 어떠한가?
각각의 상황에서 앞서 제시된 도식의 각 부분들(낱낱의 작은 원, 원 15개인 전체 집합, 가장 작은 직사각형 중 하나, 가장 큰 직사각형)이 나타내는 것은 무엇인가? 어떤 양이 기본 단위의 역할을 하는가?
두 가지 상황에서 같은 것은 무엇인가? 다른 것은 무엇인가?

「곱셈과 나눗셈의 필수 이해 : 3~5학년까지」(Otto 외, 2011)에서는 범자연수의 곱셈의 의미를 이해하는 강력한 접근법으로 연산자 또는 스칼라를 소개하고 있다.

만일 가능하다면 동료들과 [생각해보기 1.16]에 대한 아이디어들을 비교해보라. 여러 가지 아이디어와 예에 대하여 생각하는 활동은 이산량과 연속량, 이산모델과 연속모델에 관한 통찰을 더욱 예리하게 해 줄 것이다.

범자연수의 곱셈을 이해하는 데 연산자 또는 스칼라의 의미를 적용하는 것은 효과적인 방법이다(Otto 외 (2011) 참고). 이를 반영하면 5×3[7]은 5의 3배가 되는 양으로 생각할 수 있다. 이 양을 나타내는 일반적인 한 가지 방법이 우리에게 익숙한 "동수누가(同數累加)" $5+5+5$이다. 이것은 [그림 1.25]에 제시된 바와 같이 수직선으로 쉽게 표현할 수 있다. (일부에서는 5×3을 3씩 5묶음 또는 $3+3+3+3+3$으로 이야기하기도 한

7) [역자 주] 영문의 어순과 한글의 어순은 반대이므로 곱셈식의 표현도 맥락에 따라서는 거꾸로 나타나는 경우가 많다. 이에 따라 원 문장에서의 3×5를 5×3으로 표기했다.

다. 유리수의 곱셈에는 교환법칙이 성립하므로 두 가지 해석의 결과가 같으며, 모두 타당하다. 하지만 $5+5+5$가 연산자로서의 접근에는 좀 더 적합하다.)

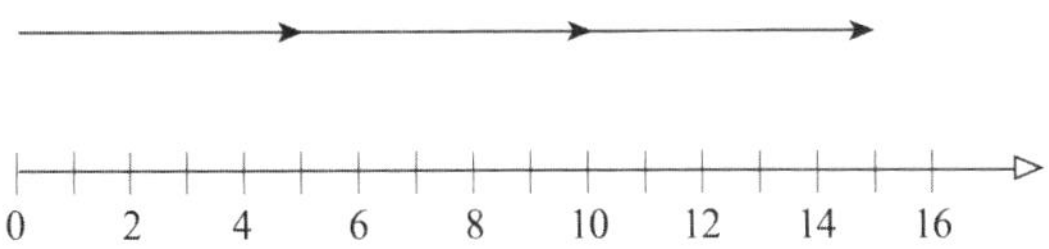

[그림 1.25] 동수누가 : $5\times3=5+5+5$ 또는 15

이 접근 방식은 연산자(곱하는 수)가 범자연수일 경우 어렵지 않게 유리수의 곱셈으로 확장된다. [그림 1.26]은 $\frac{3}{5}\times3$을 $\frac{3}{5}$씩 3묶음으로 나타낸 것이다.

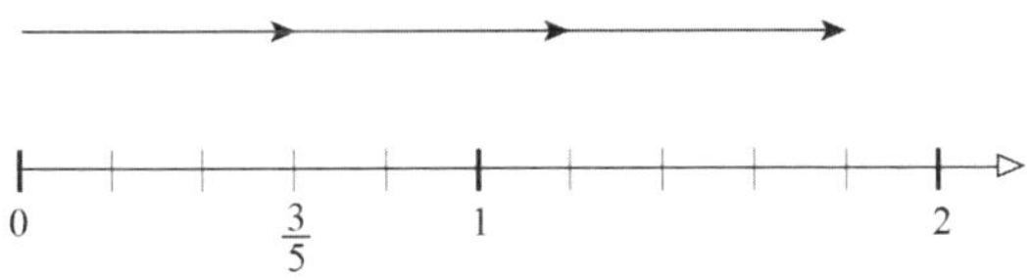

[그림 1.26] 동수누가 : $\frac{3}{5}\times3=\frac{3}{5}+\frac{3}{5}+\frac{3}{5}$ 또는 $\frac{9}{5}$ 또는 $1\frac{4}{5}$

하지만 $\frac{3}{5}\times\frac{2}{3}$와 같이 곱하는 수가 분수일 경우 연산자로서의 의미는 동수누가보다 좀 더 많은 의미를 제공하는 모델이 된다. 만약 치즈의 가격이 1파운드에 5달러라고 하면, 치즈 3파운드의 가격은 15달러이다. 만일 밀가루 1파운드의 가격이 $\frac{3}{5}$달러라고 하면, 밀가루 3파운드의 가격은 $\frac{9}{5}$달러이고, $\frac{2}{3}$파운드의 가격은 $\frac{3}{5}$달러의 $\frac{2}{3}$가 된다. $\frac{3}{5}\times\frac{2}{3}$의 곱은 일반적으로 간략하게 "$\frac{3}{5}$의 $\frac{2}{3}$"라고 설명하고 이는 $\frac{3}{5}$의 $\frac{2}{3}$만큼인 양을 뜻한다. 이와 같은 의미는 우리가 [그림 1.24]에 제시된 두 가지 도식에 관하여 다른 방식으로 생각해 볼 수 있게 한다. $\frac{3}{5}\times\frac{2}{3}$라는 분수의 곱셈을 모델로 나타내기 위해서 어떤 것의

$\frac{3}{5}$만큼을 취하고, 다시 그것의 $\frac{2}{3}$만큼을 취할 수 있다.

다음으로 $\frac{3}{5}\times\frac{2}{3}$를 수직선으로 나타내어 보면 [그림 1.27]과 같다. 여기서 $\frac{3}{5}$이 이미 3등분되어 있기 때문에 재분할의 과정 없이 $\frac{2}{3}$를 바로 찾을 수 있다는 점에 주목할 필요가 있다.

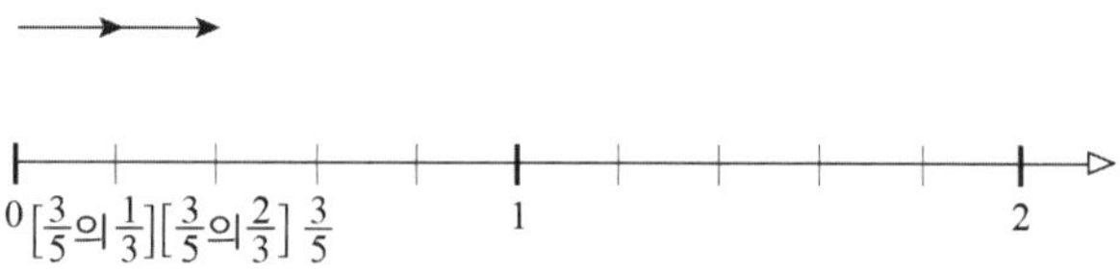

[그림 1.27] 분수의 분수 : $\frac{3}{5}\times\frac{2}{3}=\frac{3}{5}$의 $\frac{2}{3}$ 또는 $\frac{2}{5}$

분수의 곱셈에 대하여 이해하는 것이 소수의 곱셈을 이해하는 데 도움이 되는가? [생각해보기 1.17]에서는 소수 곱셈의 표준 절차를 살펴본다.

생각해보기 1.17

소수 곱셈의 표준 알고리즘은 종종 답을 소수 몇째 자리로 나타낼 것인지를 알려주는 방법으로 기억되기도 한다. 이러한 규칙이 적용되는 이유는 무엇일까?

소수 곱셈의 표준 절차는 일반적인 분수의 곱셈 방식과 동일하다. 예를 들어 0.27×1.5는 $\frac{27}{100}\times\frac{15}{10}$로 나타낼 수 있다. 곱은 다음과 같다.

$$\frac{27\times15}{100\times10} \text{ 또는 } \frac{27\times15}{1000}$$

27과 15를 곱해서 범자연수 405를 얻은 다음 1000분의 1을 소수 셋째 자리로 나타내어 답이 0.405가 되는 과정을 통하여 범자연수의 곱을 다시 소수 형태로 바꿀 수 있다. 좀 더 일반적으로는, 유한 소수를 분모는 10의 거듭제곱이고 분자는 정수인 분수로 바꿀 수 있다. 이와 같은 분수끼리의 곱은 다시 10의 거듭제곱이 된다. 앞의 예에서 보면, $100 \times 10 = 10^2 \times 10^1$이며, 결과는 1000 또는 10^3이다. 곱의 지수는 각 인수의 지수들의 합과 같다. 곱셈 알고리즘은 "답이 되는 소수(점 아래)의 자릿수는 곱하는 두 소수(점 아래)의 자릿수의 합이다"로 표현할 수 있다.

3. 나눗셈

대부분의 사람들은 분수가 관련되면 나눗셈이 의미하는 바를 잘 이해하지 못한다. 우리에게 좀 더 익숙한 범자연수 나눗셈 경우를 통하여 나눗셈의 서로 다른 두 가지 의미를 알아보고, 이를 분수 나눗셈으로 어떻게 적용시킬 수 있는지 알아보자.

만약 주스 20온스를 4명의 어린이들에게 똑같이 나누어 준다고 할 때 각 어린이는 얼마의 주스를 받게 될까? 이 문제는 $20 \div 4$에서 나누어지는 수가 등분할 되거나 **주어진 수만큼 똑같은 크기의 부분으로** 나뉘는 **등분제(等分除)**에 해당된다. 몫(한 학생당 5온스)은 각각의 부분이 얼마인지를 나타낸다. 등분제는 때때로 "똑같이 나누어주기"라고 불리기도 한다.

분수의 나눗셈을 등분의 의미로 이해한다고 하자. 만약 주스 $\frac{2}{3}$파인트를 4명의 학생들에게 똑같이 나누어 준다면, 각 학생은 얼마의 주스를 받게 될까? 나눗셈 $\frac{2}{3} \div 4$에서 $\frac{2}{3}$파인트를 $\frac{4}{6}$파인트로 바꾸어 생각하면 각 부분이 $\frac{1}{6}$파인트가 되므로 쉽게 해결할 수 있는 문제가 된다. 이제 수의 역할을 바꾼다면 어떤 일이 일어날지 생각해보자. 주스 4파인트를 $\frac{2}{3}$명의 학생들에게 똑같이 나누어 준다면…이런! 바뀐 시나리오는 우스꽝스럽다. 똑같이 나누어 주기는 제수(나누는 수)가 범자연수가 아닐 경우에는 그리 잘 들어맞지 않는다.

등분제에서 나누는 수가 분수일 경우에는 다른 의미로 다가온다. 다시, 간단한 범자연수 문제로 시작해보자. 만약 수영 선수가 주스 20파인트를 4일 동안 일정한 비율로 매일 마셨다면, 그녀가 하루에 마신 주스의 양은 얼마인가? $20 \div 4$를 하면 몫은 하루당 5파인트가 된다. 이 몫은 주스를 4등분한 "단위당(per unit)"의 양으로 볼 수 있다. 이와 비슷하게 달리기 선수가 4파인트의 주스를 마셨는데 이는 하루 주스 할당량의 $\frac{2}{3}$인 상황(즉, 그는 하루의 $\frac{2}{3}$일 동안 4파인트의 주스를 마셨다)을 생각해보자. 그가 하루 동안 마시는 주스의 양은 얼마인가? 그의 단위 비율은 하루당 $4 \div \frac{2}{3}$파인트가 된다.

이 상황을 나눗셈의 문제로 이해하였지만 $4 \div \frac{2}{3}$를 실질적으로 어떻게 수행하고 그 결과를 하나의 수로 어떻게 나타낼 수 있을까? 이해가 배제된 채 절차에만 초점을 맞춘 "이 방법은 왜 그런지 이유를 밝히는 것이 아니다. 단지 뒤집어 곱하기만 하면 된다"라는 방식은 오랜 관행이다. 이런 관례를 무시하고 이 규칙의 원리와 그것이 작용하는 이유를 밝혀보자.

필수 이해 1a의 논의에서 다루어진 $\frac{a}{b} = \square$ 형태의 나눗셈 문제는 $\square \times b = a$의 형태로 다시 쓸 수 있다는 내용을 상기하여 보자.

☞ 필수 이해 1a
유리수는 수를 사용하는 방식이 자연스럽게 확장된 것이다.

"뒤집어 곱하기"의 타당함은 나눗셈이 곱셈과 역의 관계에 있음이 반영된 나눗셈의 정의로부터 이끌어 낼 수 있다. 필수 이해 1a의 논의에서 모든 나눗셈 문제는 곱셈 문제로 바꿀 수 있다는 사실을 설명하였다. 예를 들어 주스 20온스를 4명의 학생이 똑같이 나누어 먹는다면 결과적으로 한 학생당 5온스의 주스를 먹게 된다. 왜냐하면 4명의 학생이 각각 5온스의 주스를 먹는다고 할 때 그들이 마시는 주스의 총량은 20온스이기 때문이다. 식으로 나타내면 $20 \div 4 = 5$인데, 왜냐하면 $5 \times 4 = 20$이기 때문이다. (종종 순서가 혼란의 요인이 된다. 주스 맥락에서는 4가 곱하는 수[연산자]이므로 곱은 $5 \times 4 = 20$이라고 쓸 것이다. 나눗셈 $20 \div 4 = 5$의 역은 $5 \times 4 = 20$으로 표현하는 것이 보다 적절하다. 곱셈의 교환 법칙으로 두 곱이 동치라는 것을 확인할

수 있다.)[8)]

동일한 추론을 $4\div\frac{2}{3}=\square$의 나눗셈 식에 적용시키면, $\square\times\frac{2}{3}=4$라는 곱셈식을 이끌어 낼 수 있다. 이제 어떤 유리수(0은 제외)와 그의 **곱셈에 대한 역원**(그것의 **역수**)을 곱하면 **곱셈의 항등원**인 1이 된다는 곱셈의 성질이 필요하다.

나눗셈을 시작으로 다음과 같이 등식을 맞추어나가면

$$\begin{aligned} 4\div\frac{2}{3} &= \square \\ \square\times\frac{2}{3} &= 4 \\ \square\times\frac{2}{3}\times\frac{3}{2} &= 4\times\frac{3}{2} \\ \square\times 1 &= 4\times\frac{3}{2} \\ \square &= 4\times\frac{3}{2} \end{aligned}$$

$4\div\frac{2}{3}$와 $4\times\frac{3}{2}$은 모두 네모로 표현된 수와 같으므로 $4\div\frac{2}{3}=4\times\frac{3}{2}$ 또는 6을 얻게 된다. 이러한 맥락에서 만약 달리기 선수가 매일 6파인트의 주스를 마신다면, 하루에 그가 마시는 양의 $\frac{2}{3}$는 4파인트가 된다. $6\times\frac{2}{3}=4$이므로 $4\div\frac{2}{3}=6$으로 계산한다. 숫자만 살펴본다면, 4를 분수 $\frac{2}{3}$로 나누는 것은 4에다 $\frac{2}{3}$의 역수인 $\frac{3}{2}$을 곱하는 것과 같다. 숫자 대신에 변수를 사용해서 좀 더 의도적으로 동일한 일련의 단계들을 반복하면 분수인 제수(나누는 수)로 나누는 것은 그 제수의 역수를 곱하

8) [역자 주] 한글의 어순에 따르면 연산자의 의미와 나눗셈의 역 표현 모두 $5\times4=20$으로 표현된다. 반면에 영어의 어순에 따르면, 연산자의 의미에서는 $4\times5=20$이고, 나눗셈의 역 표현에서는 $5\times4=20$이 되어 곱셈의 교환법칙으로 두 곱이 동치임을 확인할 수 있다는 것이다.

는 것과 같다는 것을 증명할 수 있다. [생각해보기 1.18]에서는 이러한 아이디어들에 대해 좀 더 탐구한다.

생각해보기 1.18

나눗셈 문제 $\frac{2}{5} \div \frac{3}{4}$에서, 곱셈 $\frac{5}{2} \times \frac{3}{4}$은 옳은 답을 제공하는가?
만약 그렇지 않다면, 그것은 무엇을 제공하는가? 그리고 왜 그런가?

$\frac{2}{5} \div \frac{3}{4}$이 $\frac{2}{5} \times \frac{4}{3}$ 또는 $\frac{8}{15}$과 같은 값을 가진다는 것을 알고 있다. $\frac{5}{2} \times \frac{3}{4}$은 $\frac{8}{15}$의 역수인 $\frac{15}{8}$와 같은 값을 가진다. 이것은 우연일까? 간단한 경우를 생각하여 보자. $6 \div 2$는 3이다. 반대로 $2 \div 6$은 $\frac{1}{3}$이다. 유리수의 나눗셈에서 일반적인 $a \div b$와 $b \div a$ 사이의 관계와 첫 번째 분수의 역수를 취하는 것과 두 번째 분수의 역수를 취하는 것의 효과에 대하여 알아보기 위해서는 또 다른 사례들을 탐구하거나 다른 종류의 추론이 필요하다.

범자연수의 나눗셈이 가지는 또 다른 의미는 **포함제(包含除)**이다. 만약 주스 20온스를 4온스의 컵에 나누어 담으려고 한다면 몇 개의 컵이 필요한가? 산술적인 연산은 앞서 제시한 등분제 문제의 $20 \div 4$와 동일하다. 하지만 포함제에서 나누어지는 수는 **주어진 크기에 해당하는 부분들(나누는 수)**로 나누어진다. 이 경우에는 몫이 되는 5잔은 부분이 몇 번 들어가는지를 나타낸다.

$4 \div \frac{2}{3}$에 포함제를 적용하면 어떨까? 4파인트의 주스를 $\frac{2}{3}$파인트 들이 유리잔에 따르는 것이 한 예시가 된다. 가득 채우면 몇 잔이 될까? 이 질문은 타당하다. 게다가 실제로 잔에 따르는 방법은 동수누감의 과정을 통해 곧바로 답으로 이어지는

데, 이는 포함제 모델링의 한 방법이다. 4파인트의 주스로 시작하여 $\frac{2}{3}$파인트 한 잔을 채우게 되면, $3\frac{1}{3}$파인트가 남는다. 그 다음 두 번째 잔을 채우면 $2\frac{2}{3}$파인트가 남고, 세 번째 잔을 채우면 2파인트가 남는다. 세 번 더 반복하면 모든 주스를 다 사용하게 되어, 총 6회 "따르기"가 된다. 이 예와 같이 포함제 또는 어떤 양을 주어진 크기만큼씩 할당(분할)하는 방식은 나누는 수가 범자연수일때처럼 분수인 경우에도 동일하게 해석될 수 있다.

나눗셈의 포함제 의미는 그 과정을 모델링하는 또 다른 방법을 나타내는 **측정 의미**로 부르기도 한다. 늘 그렇듯 범자연수를 이용한 활동을 통해 알고 있는 것으로 시작하는 것이 이치에 맞는다. 예를 들어, 12÷3에 대한 포함제 의미는 12를 크기가 3인 부분으로 나누면 몇 개의 부분을 갖게 되는지 세는 것이다. 간단한 질문 형식은 "12 안에 3이 몇 개 있는가?"이다. 이 표현은 "12피트 길이를 만들려면 3피트짜리 야드 자 몇 개가 필요한가?"와 같이 측정 의미에 적합하다. 실제로 측정을 통해 쉽게 답을 구할 수 있다.

단위 개념은 이런 측정 시나리오에서 중추적 역할을 한다. 수 12는 1피트 단위(자)에 대한 길이를 나타낸다. 12÷3의 몫은 같은 길이(12피트)를 새로운 단위인 3피트(야드 자, yardstick)로 하여 나타낸 것으로 해석할 수 있다. 또한 우리는 나누는 수 3을 12를 측정하기 위한 새로운 측정 막대 또는 단위 길이로 생각할 수 있다. 몫 4는 12 피트 안에 들어가는 3 피트 단위의 개수가 된다.

나눗셈의 측정 의미는 특히 몫이 범자연수가 아닐 때 유용하며, 분수의 나눗셈에 잘 맞는다. [그림 1.28]의 도표는 $2\frac{1}{3} \div \frac{5}{6}$에 대한 과정을 나타낸다. $2\frac{1}{3}$과 $\frac{5}{6}$ 모두 원래 단위(1)를 기준으로 정의되었다는 것에 주목하자. 나눗셈 $2\frac{1}{3} \div \frac{5}{6}$에 대한 질문은 "몇 개의 새로운 단위($\frac{5}{6}$짜리 측정 막대)가 $2\frac{1}{3}$을 만드는가?"이다.

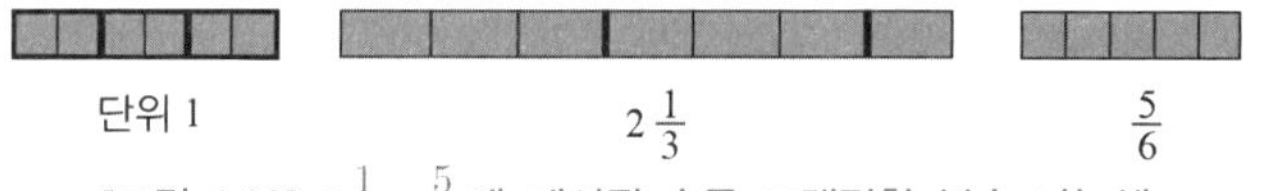

[그림 1.28] $2\frac{1}{3} \div \frac{5}{6}$에 제시된 수를 모델링한 분수 나눗셈

[그림 1.29]는 $2\frac{1}{3}$이 $\frac{5}{6}$짜리 막대 2개보다는 많고 3개보다는 적게 포함하고 있음을 보여준다. 2개보다 얼마나 더 많은가? 이 그림은 $2\frac{1}{3}$이 또 다른 $\frac{5}{6}$짜리 막대의 $\frac{4}{5}$만큼을 더 포함하고 있다는 것을 나타내며, 따라서 전체 측정값은 새로운 측정 막대의 $2\frac{4}{5}$만큼이 된다. 다시 말해 $2\frac{1}{3}$을 만들기 위해 $\frac{5}{6}$의 $2\frac{4}{5}$가 필요한데, 이는 $\frac{5}{6} \times 2\frac{4}{5} = 2\frac{1}{3}$을 의미한다. 결과적으로 $2\frac{1}{3} \div \frac{5}{6} = 2\frac{4}{5}$이다.

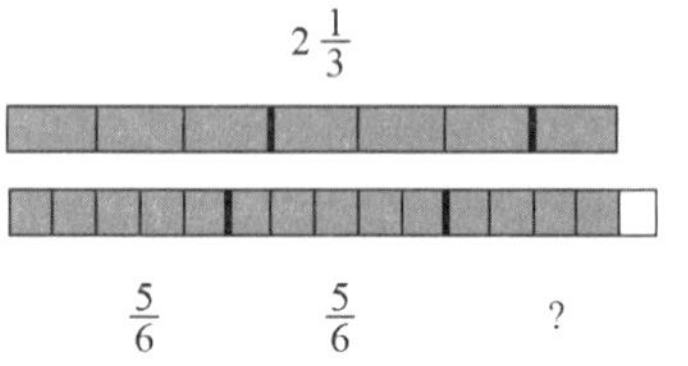

[그림 1.29] $2\frac{1}{3} \div \frac{5}{6}$에서 나누는 수를 측정 막대로 사용하는 분수 나눗셈

이 과정에서 일반적으로 범하는 오류는 마지막 측정 막대의 부분(4개의 작은 정사각형)을 $\frac{4}{6}$로 해석하는 것인데, 이는 **원래 단위**의 $\frac{4}{6}$와 같기 때문이다. 그러나 이 양은 이제 **새로운 단위**인 $\frac{5}{6}$의 한 부분, 즉 나누는 수$\left(\frac{5}{6}\right)$의 한 부분$\left(\frac{4}{5}\right)$으로 간주된다.

측정 모델은 범자연수에서의 무수한 예에서 기인한 순진한 신념, 즉, 나눗셈은 항상 더 작은 수를 만든다는 것에 도전하는 하나의 방법을 제공한다. 길이로 표현되는 어떤 양이든 단위 막대로 측정한 값보다 $\frac{5}{6}$짜리 막대로 측정한 값이 더 크게 나올 것이다. 이와 비슷한 방법으로 곱셈 연산 시 곱셈은 항상 커진다는 범자연수에서의 관점에 도전하는 하나의 방법을 제공한다. 즉, 임의의 양의 값을 갖는 어떤 양의 $\frac{2}{3}$는 원래 양보다 더 작다.

우리는 포함제가 어떻게 동수누감, 측정 모두와 관련되는지를 논의했다. [생각해보기 1.19]에서는 이러한 관계를 탐구한다.

생각해보기 1.19

$1\frac{1}{2}$컵의 밀가루가 필요한 조리법에 따라 케이크를 굽고 있고, $\frac{1}{3}$만 담을 수 있는 계량컵을 갖고 있다고 가정하자. 이 조리를 위해 $\frac{1}{3}$컵을 몇 개 사용해야 하는가?
이 문제를 통해 동수누감 및 측정 접근법이 나눗셈과 어떻게 관련되는지를 탐구하시오.

소수로 관심을 돌려보면, 나눗셈의 표준 절차는 동치 분수로부터 곧바로 나온다는 것을 알 수 있다. 예를 들어, 소수의 나눗셈 $0.012\overline{)4.8}$에서 "따라하기" 규칙에 따르면 나누는 수의 소수점을 오른쪽으로 세 자리 옮겨 범자연수(12)를 얻고, 나누어지는 수의 소수점도 오른쪽으로 같은 자릿수만큼 옮기고, 몫의 소수점은 그대로 올리면 된다. 결과는 대안적 몫인 $12\overline{)4800}$이 되고, 그 값은 400이다. 이러한 규칙이 왜 적용되는지 이해하기 위해, 나눗셈 $4.8 \div 0.012$를 분수 $\frac{4.8}{0.012}$로 쓸 수 있다. 그 다음 올바른 몫을 계산하기 위해 분모와 분자에 각각 1,000을 곱하여 $\frac{4800}{12}$으로 바꿀 수 있다. 두 개의 소수점을 같은 방향으로 같은 거리만큼 옮기는 것은 나누어지는 수(분자)와 나누는 수(분모) 사이에 동일한 비를 유지한다. 각각 이동한 결과는 동일한 10의 거듭제곱을 곱한 것이기 때문이다.

2) 유리수의 어림과 암산

필수 이해 4b. 어림과 암산은 범자연수보다 유리수에서 더욱 복잡하다.

학교수학은 전통적으로 지필 계산과 정확한 답을 강조한다. 그러나 성인들은 일상생활에서의 산술의 대부분을 머리로 하며, 종종 근삿값만으로도 실질적 목적을 위해서는 충분하다. [생각해보기 1.20]의 일상적인 예처럼, 유리수에서의 암산과 어림은 필수적인 기술이지만, 범자연수에서보다 더 복잡한 추론이 포함된다.

생각해보기 1.20

식료품을 사기 위해 쇼핑을 갔다고 상상해보자. 두 개의 토마토 브랜드가 있는데, 하나는 16온스에 $1.49이고 다른 하나는 28온스에 $2.89이다. 둘 중 어느 것을 사는 게 더 좋은지를 어떻게 결정하는가?
유리수 감각의 어떤 측면이 작동하는가?

질이 문제가 아니라면, 온스당 달러 비가 작을수록 보다 경제적이다. 어느 브랜드가 더 작은 비를 갖는지 구하는 것은 두 유리수 $\frac{1.49}{16}$와 $\frac{2.89}{28}$를 비교하는 것으로 이어진다. 이러한 형태를 소수로 바꾸면 더 쉽게 비교할 수 있지만 계산기를 사용하지 않고는 힘들며 대부분의 사람들은 쇼핑할 때 계산기를 잘 사용하지 않는다. 오히려 가격을 반올림하여 더 간단한 값 $\frac{1.5}{16}$와 $\frac{2.9}{28}$를 구할 것이다. 그러면 두 분수 모두 기준 분수인 $\frac{1}{10}$과 가깝지만, 첫 번째 분수는 $\frac{1}{10}$보다 작고 두 번째 분수는 $\frac{1}{10}$보다 크기 때문에 문제를 해결할 수 있다는 것을 쉽게 알 수 있다. 물론 다른 전략을 가지고 다른 방법으로 해결하는 것도 가능하다.

이 특정한 문제의 해결이 무엇을 수반하는지 생각해보자. 두 범자연수가 주어지면, 자릿값과 세기에 대한 이해를 통해 더 작은 수를 쉽게 확인할 수 있다. 그러나 이 예에서 알 수 있듯이, 두 분수에서는 더 작은 수를 확인하는 것이 그렇게 간단하지 않다. 분수에서는 대략적인 크기를 확인하기 위해 기준을 사용한다. 그리고 분모가 다를 때에 비교하기 위해서는 동치에 대한 이해가 필요하다. 2.89를 2.9로 반올림하는 것은 소수의 자릿값에 대한 정교한 이해를 포함한다. $\frac{1.5}{16}$와 $\frac{2.9}{28}$가 모두 $\frac{1}{10}$에 가깝다는 것을 인지하는 것은 기준 분수를 익숙하게 다루는 것뿐만 아니라 십진분수 동치에서 나타난다. 요약하면, 238과 253과 같이 범자연수를 머릿속으로 비교하는 것은 $\frac{1.49}{16}$와 $\frac{2.89}{28}$ 또는 $\frac{5}{9}$와 $\frac{7}{12}$ 같은 형태의 분수를 비교하는 것보다 쉽다.

소수는 범자연수와 형태가 비슷하지만 어림할 때는 더 어려울 수 있다. [생각해보기 1.21]에서 하나의 예를 탐구해보자.

생각해보기 1.21

0.427 × 0.00652의 값을 구하기 위해 계산기를 사용했더니 화면에 0.0278404가 나왔다고 생각해보자. 이 답을 신뢰하는가? 설명해보자.

어림은 계산기를 사용할 때도 중요하다. 기계는 일반적으로 거의 정확한 답을 제공하지만, 잘못된 버튼을 누르기 쉽다. 그러므로 대략적인 결과로 오류를 확인할 수 있다. 이 경우에서 0.427이 $\frac{1}{2}$보다 작다는 것을 인지하면 곱이 0.03이 아니라 0.003에 가까워야 한다는 것을 알게 된다. 이전의 예와 같이 이러한 추론은 다양한 수치적 형태들 사이의 동치, 근삿값, 기준, 유리수 연산의 이해와 사용에 있어서의 유창함으로 명시된 유리수 감각을 필요로 한다.

결론

Big idea

핵심 아이디어 4
유리수 계산은 범자연수 계산이 확장된 것이지만, 몇 가지 새로운 아이디어와 과정이 도입된다.

핵심 아이디어 4에 대한 논의 전반에 걸쳐 제시한 예들은 유리수의 계산에 내재된 복잡성, 절차를 설명할 때의 시각적, 맥락적 모델의 가치를 시사한다. 기호적이든, 그림으로 표현하였든, 조작적이든, 또는 적어나가든, 실행하든, 사고를 하든지 유리수 계산은 범자연수만 계산하는 것보다는 더욱 정교한 추론이 필요하다.

Big idea

핵심 아이디어 1
범자연수에서 유리수로의 확장은 좀 더 강력하고 복잡한 수 체계를 만든다.

Big idea

핵심 아이디어 2
유리수는 다양한 의미를 가지며, 이를 이해하는 것은 단위를 식별하는 데 달려 있다.

사실, **복잡성**은 이 장의 4가지 핵심 아이디어 전체를 관통하는 테마이다. 분수는 본질적으로 범자연수의 몫인 수이며, 이 아이디어는 그 자체로 혼란스러울 수 있다. 이를 이해하는 데 결정적인 것은 분수와 유리수가 범자연수를 강력한 방법으로 확장한 것이며, 달리 해결할 수 없는 문제를 해결할 수 있게 한다는 사실을 인지하는 것이다(핵심 아이디어 1). 유리수의 다양한 의미를 파악하는 것은 또 다른 어려움을 드러내지만, 각각의 의미를 이해하는 것은 수학의 다양한 영역에 대한 통찰을 만들어준다(핵심 아이디어 2). 모든 범자연수는 하나의 숫자에 대응되지만, 모든 유리수는 매우 다양한 방법으로 쓰일 수 있다. 이러한 부가적인 복잡함을 다루는 데 능숙해짐으로써 얻는 이득은 하나의 수에 대한 무한히 많은 형태를 가지고 주어진 목적에 따라 다른 무엇보다 더 적합할 수 있는 특정 형태에 접근하는 것이다(핵심 아이디어 3). 유리수 계산은 범자연수보다 더 복잡하지만, 유리수와 산술 연산에 대한 이해는 매우 중요하고 유의미한 유리수의 계산 절차에 이르도록 해준다(핵심 아이디어 4).

유리수와 관련된 아이디어들은 수학 전반에 걸쳐 사용된다. 2장에서는 이러한 필수 이해 중 일부가 기술된다.

Big idea

핵심 아이디어 3
모든 유리수는 동치 관계에 있는 무한히 많은 기호 형태로 표현될 수 있다.

제2장

선수 학습과 후속 학습의 연계성

유리수는 3~5학년에서 중요한 주제이지만, 수학 교육과정에서의 다른 주제들처럼 고립되어 나타나지는 않는다. 게다가, 초기 학년에서의 아이디어와 이해를 기반으로 하여 여러 학년에 걸쳐 계속해서 발달한다. 이 장에서는 이전 학년에서 학습한 범자연수에 관한 주요 아이디어가 1장에서 확인한 유리수에 대한 필수 이해를 어떻게 뒷받침하는지 살펴볼 것이다. 또한 3~5학년에서 학생들이 발달시키기 시작한 유리수에 대한 아이디어들이 이후 학년에서의 수학 주제들에서 어떻게 확장·적용되는지, 그리고 이런 아이디어들이 어떻게 유리수 이상의 수 체계로 점차 도달하게 되는지 살펴볼 것이다.

01 범자연수로부터 유리수로

범자연수의 곱셈과 나눗셈, 십진 자릿값, 범자연수 연산에 대한 성질의 개념적 기반은 모두 유리수의 이해를 위한 토대로 작용한다. 학생들은 유리수와 관련된 새로운 수학적 아이디어를 접할 때마다 이러한 개념들을 계속 발달시켜간다.

1) 세기, 단위화, 곱셈

대상들(objects)의 **묶음**(groups)을 세는 것은 이산적인 대상들을 단순하게 세는 것보다는 아이들이 학습하기에 더 어렵다. 묶음을 세고 곱셈을 배우기 위해서는 **단위화**(unitizing)가 필요하다. 여기서 단위화란 여러 대상을 하나로 묶은 것을 하나의 단일한 독립체로 개념화하는 것이다. 단위화는 유리수를 가지고 활동할 때 핵심적인 구성 요소가 되는데, 이산적인 대상의 하나의 집합을 똑같은 크기의 묶음으로 나눌 수 있으려면 그 전에 이를 하나의 단위로 간주할 수 있어야 하기 때문이다. 6×3을 6개씩 3묶음으로 이해할 수 있는 것처럼, $6 \times \frac{1}{3}$은 6개를 3개의 똑같은 크기의 하위 묶음으로 나눈 것 중에서 하나로 볼 수 있다. 그러나 때로는 범자연수 산술에서 나온 주요 개념들은 유리수 감각에 방해가 되기도 한다. 예를 들어, 1보다 큰 자연수들로만 연산을 하면 곱셈은 항상 각각의 인수보다 큰 값으로 나타난다. 그러나 양수에 0과 1 사이의 수를 곱하면 그 값이 큰 인수보다 더 작다는 것을 알게 된다.

2) 분수와 나눗셈

"공평한 몫"에 대한 직관적인 아이디어는 범자연수 나눗셈의 개념적 기초를 형성한다. 분모는 몇 개의 똑같은 부분을 의미하는 분수를 위한 구성 요소로서의 역할도 한다. 필수 이해 2d는 분자를 분모로 나누는 것을 강조하면서 분수(또는 임의의 유리수)의 의미 중 하나가 몫으로서의 분수라는 아이디어를 나타낸다. 나눗셈에서의 나머지도 분수와 관련지을 수 있다. 예를 들어, 2명의 아이들이 7개의 펜을 공평하게 나누려고 할 때, 직접 문제를 모델링하면 1개의 펜이 남는다. 이 몫은 $3\frac{1}{2}$ 또는 3.5와 맞지 않으며, 오히려 3과 나머지 1(3R1)이 유의미한 대안이다. 그러나 만약 2명의 같은 아이들이 7피트의 실을 나눈다면, 실제적인 답은 $3\frac{1}{2}$피트로 표현하는 것이 알맞다(필수 이해 2d에 대한 논의 참고).

> **필수 이해 2d**
> 유리수는 몫으로서의 의미를 가진다.

학생들은 범자연수로 나누는 이전의 활동을 기반으로 하여 몫은 일반적으로 나누어지는 수보다 항상 더 작다고 생각한다. 그러나 필수 이해 4a에서 논의한 바와 같이, 이후에 분수를 가

> **필수 이해 4a**
> 유리수 연산의 의미는 본질적으로 범자연수와 같지만, 일부 의미는 조정이 필요하고 알고리즘이 서로 다르다.

지고 활동하다 보면 몫이 나누어지는 수보다 반드시 작은 것은 아니라는 것을 알게 된다. 비록 범자연수 연산에서 발달한 개념들이 유리수 연산의 이해에 유용한 토대를 제공하지만, 지나친 일반화로 인한 오개념이 발생할 수도 있다.

3) 소수와 자릿값

범자연수에 대한 상대적으로 복잡한 기수법은 10의 거듭제곱을 표현하는 자릿값을 포함하여 몇 가지 기본 성질을 기반으로 한다. 기수법이 어떻게 작동되는지를 학습하는 것은 저학년에서의 중심 주제였다. 학생들은 곧 소수 형태로 된 유리수를 접한다. 소수 구성의 원리는 범자연수 구성의 원리와 정확히 같지만, 일부 패턴은 분수량을 표현하기 위해 확장되어야 한다. 필수 이해 3c에 대한 논의에서, 우리는 범자연수 기수법을 상세하게 설명하였고, 그것이 어떻게 소수의 기초를 형성하는지 보였다.

필수 이해 3c
유리수는 소수로 표현될 수 있다.

02 교육과정 전반에 걸쳐 유리수를 사용하기

범자연수는 학교수학의 많은 측면에서 그리고 교실 밖의 많은 일상의 상황에서 활동하기에 충분히 알맞다. 그러나 무수히 많은 다른 상황에서는 그렇지 않다. 이들 상황은 흔히 측정, 비와 비율, 백분율, 확률과 자료 분석, 대수와 같은 주제들을 포함한다.

1) 측정

범자연수는 때로는 실용적이고 측정에 충분히 적합하다. 예를 들어, 커튼을 자르고 바느질할 때 대개는 천을 가장 가까운 인치로 측정하는 것이 가능하다. 그러나 정확하게 $30\frac{1}{4}'' \times 45\frac{5}{8}''$ 인 창문틀의 유리를 교체하기 위해 유리를 $30'' \times 46''$로 자르는 것은 소용없을 것이다. 3~5학년 학생들은 타당한 근삿값을 포함하여 분수와 소수가 필요하다는 것을 느끼면서 다양한 속성을 더욱 정확하게 측정하는 것을 배운다. 나중에 학생들은 $\frac{1}{2}$과 $\frac{4}{8}$가 서로 동치 분수일지라도, 측정 맥락에서 사용할 때에는 정확성의 정도가 다름을 나타낼 수 있다는 것을 학습한다. $\frac{1}{2}$″로 기록된 측정값은 $\frac{1}{4}$″와 $\frac{3}{4}$″ 사이의 어떤 길이를 나타내지만, $\frac{4}{8}$″는 $\frac{7}{16}$″와 $\frac{9}{16}$″ 사이의 길이를 나타낸다(즉, $\frac{3}{8}$″ 또는 $\frac{5}{8}$″ 보다는 $\frac{4}{8}$″에 더 가깝다).

과학에 적용할 때 학생들은 정확성의 아이디어를 유효숫자 자릿수로 확장한다. 과학자와 기술자는 일반적으로 유리수를 소수 형태로 사용하며, 정당화되고 유용한 정밀함의 정도에 따라 측정값을 나타내기 위해 소수 자릿수를 더 적게 또는 더 많게 포함한다. 빨간빛을 원하는 물리학자는 0.00000064m의 파장을 발생시켜야 하지만, 반면에 0.00000056m의 파장을 가진 빛은 녹색을 띤다. 이 값들 중 어느 것이라도 반올림하여 0.0000006m로 나타내면 주황색 빛의 파장이 되기 때문에 부적절하다.

2) 비와 비례 추론

비와 비례성(proportionality)은 중학교 수학에서 핵심적인 주제이다. 비는 유리수와 관련된 아이디어를 사용하지만, 분수와 동일한 것은 아니다. 필수 이해 2e에 관하여 논한 바와 같이, 비는 두 양에 대한 곱셈적 비교이다. 비례식(proportion)은 두 비가 같다는 것을 나타내는 등식이다. 비례식에 관한 추론은 수학과 그 밖의 다른 양적인 과학에서의 많은 아이디어와 적용에 대한 근본적인 토대가 된다.

> **필수 이해 2e**
> 유리수는 비로서의 의미를 가진다.

> 「비-비례-비례 추론의 필수 이해 : 6학년~8학년까지」(Lobato & Ellis, 2010)는 수학과 일상생활에서의 비례성에 대한 풍부한 논의를 제시한다.

예를 들어, 해양 생물학자가 작은 호수에서 63마리의 물고기를 잡아 꼬리표를 단 후에 풀어주었다고 가정하자. 한 달 후에 47마리의 물고기를 다시 잡았는데 그 중 8마리가 꼬리표를 달해양생물학에서 비례식을 사용하여 물고기를 세는 것에 대한 확장된 탐구를 위해서는 「수학적 연결성을 통한 지침서 : 6학년~8학년까지」(Pugalee 외, 2008, 88~97쪽, 145~149쪽의 '연못에 몇 마리의 물고기가 있는가?')의 활동을 참고하시오.

고 있었다면, 비례식 $\frac{8}{47}=\frac{63}{?}$을 해결하여 호수에 370마리의 물고기가 있다고 어림할 수 있다. 비례식은 일상생활에서도 흔히 나타난다. 50인용 레몬에이드 시럽을 만드는 조리법에서 물 4컵, 설탕 8컵, 25개의 레몬으로 만든 주스가 필요하다고 가정하자. 5명, 10명, 또는 20명을 접대하기 위해 이 조리법을 적용한 가정요리사는 비례식을 사용하고 있다.

3) 백분율

1장의 필수 이해 2e(26쪽 참고)에 대한 논의에서 자유투 시도 중 성공한 샷의 횟수를 비교하는 예에서와 같이 비를 나타내는 유리수를 백분율 형태로 나타내면 편리할 때가 있다. 과학 보고서와 대중매체에서는 수치 자료를 나타내기 위해 백분율을 자주 사용한다. 예를 들어, [그림 2.1]의 원그래프를 살펴보자. 리포터가 특정 긴급 구호 단체에서, 경비의 50% 이상이 급여로 지출되었고, 20% 이하가 재난 피해자들에 대한 직접 원조로 지출되었다는 것에 대한 공공의 이해를 돕기 원한다면 이런 그래프를 사용할 수 있다.

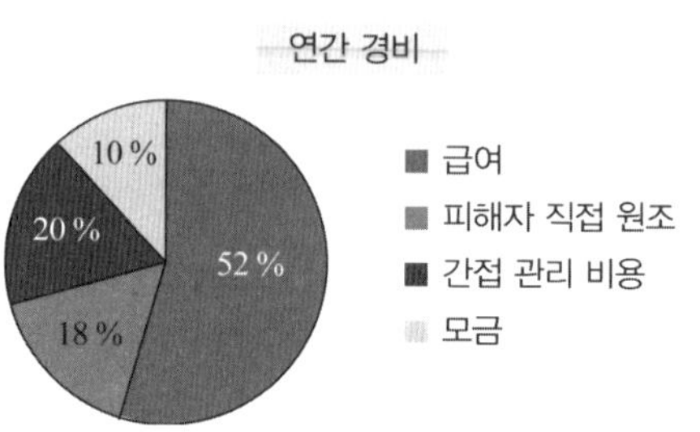

[그림 2.1] 전체에 대한 부분을 백분율로 나타낼 수 있는 원그래프

원그래프는 분수에 대한 "파이" 표현과 유사하며, 전체(단위)와 그것의 부분에 대한 시각적인 표현을 제공하는 데 사용될 수 있다. 그러나 원그래프는 일반적으로 크기가 같지 **않은** 부분으로 나누어진다는 것에 유의하자. 백분율은 전체–부분 상황을 설명하기 위해 사용될 때, 모두 동일한 전체에 대한 부분이기만 하면 서로 더해질 수 있다. 따라서 원그래프에 나타난

비용의 전체 백분율은 다음과 같이 덧셈을 통해 구할 수 있다.

$$52\% + 18\% + 20\% + 10\% = 100\%$$

110% 또는 0.25%와 같은 백분율은 종종 잘못 이해되기 쉽다. 이를 설명하기 위하여 [그림 2.1]의 원그래프의 맥락에서 0.25%가 무엇을 의미하는지 생각해보자. 흔한 오류는 0.25%가 25%를 의미한다고 생각하는 것이다. 이러한 오류는 누군가가 원그래프에서 0.25%는 예산의 $\frac{1}{4}$을 나타낸다고 생각하게 할 것이다. 반면에 실제로는 단지 1%의 $\frac{1}{4}$로 예산의 아주 적은 양을 나타낸다. 이와는 대조적으로 원그래프 맥락에서 110%는 무엇을 의미할까? 일반적인 원그래프에서, 원은 백분율의 기반이 되는 단위로서 전체 양을 나타낸다. [그림 2.1]의 그래프에서 백분율은 비용의 100%의 부분들을 나타내므로, 이 상황에서 110%는 적합하지 않을 수 있다. 그러나 다른 상황에서는 100보다 더 큰 백분율이 유의미하고 유용할 수 있다. 예를 들어, 한 업체의 예산이 $750,000이고 지출은 $825,000이라고 가정하자. 그렇다면 지출은 예산의 110%가 된다. 원그래프는 100보다 더 큰 백분율을 표현할 때 사용되지 않는다. 왜냐하면 원그래프는 일반적으로 하나의 원만 사용하고 전체 원은 100%를 나타내기 때문이다.

비록 백분율이 유리수를 나타내는 대안적인 기호체계로 고려되기도 하지만, 모든 의미에서 분수나 소수를 백분율로 대체하는 것이 합리적이거나 타당한 것은 아니다. 예를 들어, $\frac{75}{100}$와 75%가 하나의 전체에 대한 같은 분수를 나타낼 수 있다고 하더라도 $0.75를 75%달러로 바꾸지는 않는다. 75센트는 센트당 75와 같지 않다. 이와 유사하게, $2\frac{1}{2}$은 250%와 같지만, $2\frac{1}{2}$판 피자를 250%피자라고 말하지 않는다. 그러나 케이크의 일부분을 설명하기 위해 $\frac{3}{4}$이나 75%를 쉽게 사용할 수 있다.

전문가들은 **백분율**이 하나의 비를 나타내는지, 하나의 수를 나타내는지, 아니면 둘 모두를 나타내는지에 대해 오랫동안 논쟁해왔다(Parker & Leinhardt (1995) 참고). **백분율**이라는 용어는 다양한 해석을 지니고 있고 다양한 방법으로 사용될 수 있다. 그러나 백분율은 항상 곱셈적 비교의 세계에 존재한다. 15%라는 표현은 전체−부분 비교, 비(하나의 양이 모두 100일 때 또 다른 하나의 양이 15인 것과 같은, 예를 들어, 너트믹스에서 땅콩 100개마다 아몬드 15개), 이율, 사건의 확률, 또는 연산자(어떤 양의 15%와 같은)를 의미할 수 있다. 백분율을 어떻게 형식적으로 정의하더라도, 이러한 예들은 백분율이 유리수와 밀접하게 관련되어 있다는 것을 보여준다.

4) 확률과 자료 분석

확률은 불확실성에 대한 수학이고 하나의 특정한 사건이 발생할 수 있는 가능성이 얼마나 되는지를 예측하는 과학이다. 만약 주머니에 2다임과 6페니가 있고, 임의로 하나의 동전을 꺼낸다고 하면, 그 동전이 다임일 가능성은 얼마일까? 모두 8개의 동전을 가지고 있고, 8개 중의 2개가 다임이므로, 다임을 고를 확률은 $\frac{2}{8}$($\frac{1}{4}$, 0.25, 25%)가 된다.

모든 확률은 전체−부분의 비교로 정의된다. 즉, 주어진 상황에 적합한 결과의 수(또는 측정치)와 나올 수 있는 가능한 결과의 전체 수(전체 측정치)를 비교하는 것이다. 특정한 사건에 대한 확률은 0부터 1까지 사이의 하나의 수이고, 불가능한 0부터 확실한 1 사이에 걸쳐 있다. 3~5학년 학생들은 자료를 모을 때(예를 들어, 압정을 던졌을 때 어느 방향으로 떨어질 것인지 예측하기 위해서), 그리고 이론적으로 가능한 결과를 셀 때(스피너 게임에서와 같이) 가능성을 수량으로 나타내기 위해 분수를 사용하기 시작한다. 학생들은 이후의 학년에서 이러한 기술을 개선하고, 어떤 확률은 유리수가 아니라는 것을 발견하기도 한다.

학생들이 3~5학년에서 다양한 자료를 수집하기 시작할 때, 학생들은 그 자료를 조직하고, 표현하고, 분석하고, 해석하는 과제를 접한다. 위에서 언급한 바와 같이, 측정 자료들은 흔히 분수, 소수, 대분수, 또는 대소수의 형태로 나타난다. 이러한 수들을 순서대로 나열하는 것은 자명하지 않은 과제이다. 자료가 단지 범자연수로만 구성되어 있다고 하더라도, 평균과 중앙값과 같은 중심경향측도를 계산하면 결과가 유리수로 나오기 쉽다. 이후 학년에서 자료 분석에 대한 더욱 정교한 형식들은 유리식과 그 연산, 유리수 감각에 크게 의존한다.

5) 대수

학생들이 중학교를 거쳐 고등학교로 진학함에 따라, 대수는 교육과정에서 압도적인 부분을 차지한다. 유리수와 그 연산은 여러 가지 면에서 대수의 필수 요소이다. 아마도 이들 중 가장 분명한 것은 방정식을 해결할 때 나타난다. 1장에서 $5x=12$와 같이 간단한 방정식에 대한 해가 $\frac{12}{5}$와 같은 유리수일 수 있다는 것을 보였다. 만약 1달러가 12.8페소의 가치가 있다는 것을 안다면, 500페소의 공책이 몇 달러(d)인지를 구하기 위해 $12.8d=500$을 해결하여 값을 구할 수 있다. $\frac{3}{4}x+\frac{7}{8}=\frac{5}{2}$와 같은 방정식을 해결하고 확인하기 위해서는 최소한 분수에 대한 세 가지 연산을 사용해야 한다.

대수적 변수를 포함하는 분수를 유리식(rational expressions)이라고 부른다. 예를 들어, 기본 공식인 $d=rt$(거리는 비율과 시간을 곱한 것과 같다)는 맥락에 따라 비율$\left(\frac{d}{t}\right)$, 또는 시간$\left(\frac{d}{r}\right)$ 중에 하나를 나타내는 분수를 구하여 대수적으로 해결할 수 있다. 그리고 이는 비율을 포함하는 다양한 문제를 해결하는 데 적용될 수 있다. 다음은 이에 대한 전형적인 예이다.

> 안토니오는 보통 시간당 15마일로 자전거를 탄다. 바람이 부는 어느 날, 안토니오는 바람을 거스르며 20마일을 달렸고, 다시 바람을 등지고 집으로 돌아왔다. 모두 3시간이 걸렸다면, 바람의 속력은 얼마인가?

대수적 해결 방법은 다음 방정식을 해결하는 것을 포함한다.

$$\frac{20}{15-x}+\frac{20}{15+x}=3$$

여기서 x는 바람의 속력을 나타내며, 정답은 시간당 5마일이 된다. 이 방정식은 "(바람을 거스르며 달린 시간) + (바람을 등지고 달린 시간) = 전체 걸린 시간, 3시간"이라는 문장의 수학적 표현이다. 사람들은 이러한 작위적인 문제를 비웃기도 한다(바람의 속력이 항상 일정하고, 5mph의 바람이 자전거를 타는 사람에게 5mph만큼의 영향을 미친다는 이 해결 방법의 가정은 비현실적이며 실제로는 더 적은 영향을 받는다). 어떤 사람들은 이러한 유형의 문제를 공포 이야기로 기억하기도 한다. 그러나 유리식과 방정식에 관한 활동을 할 때 필요한 연산들은 초등학교에서 학습한 유리수 연산과 본질적으로 같은 규칙을 따른다. 유리식에 대한 연산은 대수를 넘어 삼각법과 미적분까지도 확장된다.

대수를 학습할 때, 학생들의 지수에 대한 공부는 반복되는 곱셈을 넘어 3^{-2}에서와 같이 음의 지수를 포함하는 것으로 확장된다. 학생들은 이러한 지수가 분수로 나타난다는 것을 알고 놀라기도 한다! 어떤 수에 대한 음의 지수는 역수를 시사한다.

$$3^{-2}=\frac{1}{3^2} \text{ 또는 } \frac{1}{9}$$

이러한 아이디어는 대수식에도 적용된다. 0이 아닌 임의의 x에 대하여,

$$x^{-n}=\frac{1}{x^n}$$

분수는 지수로도 사용될 수 있다. 예를 들어,

$$8^{\frac{2}{3}} \text{은 } (\sqrt[3]{8})^2 \text{이다.}$$

이를 간단히 하면 4가 된다. 분수 지수는 로그 공부에서 핵심이다.

대수 방정식과 그래프로 표현되는 비례 관계나 그 밖의 다른 선형 관계와 같은 대수의 다른 특성들 또한 비, 유리수, 유리식을 활용한다(Lobato & Ellis (2010) 참고). 학생들이 초등학교와 중학교에서 발달시킨 분수에 대한 이해는 대수를 공부할 때 여러 가지 면에서 직접적으로 활용된다.

「비-비례-비례 추론의 필수 이해 : 6학년~8학년까지」(Lobato & Ellis, 2010)는 대수로 표현된 비례 관계에서 비, 유리수, 유리식에 대한 더 많은 논의를 제시한다.

03 유리수 이상으로 확장하기

1장에서는 더 간단한 수 체계를 기반으로 하여 유리수가 역사적으로 어떻게 발달했는지 설명하였다. 또한 **분수**라는 말이 다양한 의미를 가지고 있다는 것에 주목하였다. 그리고 **분수**를 **음이 아닌 유리수를 나타내는** $\frac{a}{b}$ **형태의 기호적 표현**을 하도록 선택하였다. 이는 3~5학년에서 주로 다루는 표현이다.

1) 음의 분수

$\frac{2}{3}$ 그리고 $-\frac{2}{3}$와 같이, 0이 아닌 모든 양의 분수는 그에 대응하는 음의 분수를 가지고 있다는 것과 이러한 형태는 유리수를 표현한다는 것을 알아차리는 것이 중요하다. (일부 교과서는 **분수**를 음의 유리수와 음이 아닌 유리수로 이루어진 더 큰 집합을 의미하는 용어로 사용한다.) 음의 분수에 관한 산술 연산을 수행하는 것은 부호화된 수에 대한 원리와 유리수에 대한 원리를 함께 결합하는 단순한 문제이다. 그러므로 특별히 고려해야 할 사항은 없다.

2) 무리수와 실수

> ☞ **필수 이해 3b**
> 임의의 두 유리수 사이에는 무한히 많은 유리수들이 존재한다.

필수 이해 3b는 두 유리수 사이에 무한하게 많은 유리수가 존재한다는 아이디어를 나타낸다. 수직선을 확대하면 [그림 2.2]에 나타난 것과 같이 수직선이 "가득 차" 보일 것이다.

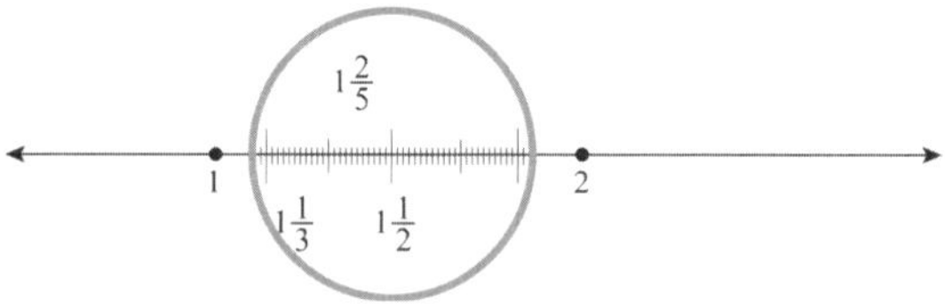

[그림 2.2] 수직선을 확대하기

지금은 수직선이 모든 유리수에 대응하는 점들로 "가득 차" 보이겠지만, 실제로 수직선에는 유리수에 대응하지 **않는** 점들이 훨씬 더 많다는 것을 상상하기는 어려울 것이다. 유리수로 이루어진 수직선은 속이 꽉 차보이더라도, 수많은 "빈틈"이 있다.

이전 장에서는 유리수를 정의하는 또 다른 방법을 논의하였다. 이는 유리수를 소수 전개하여 유한 소수나 순환 소수로 나타나는 임의의 수로 정의하는 것이다. 예를 들어, $\frac{1}{8} = 0.125$, $\frac{1}{3} = 0.33333\cdots$, $\frac{3}{7} = 0.428571428571\cdots$, $\frac{312,161}{99,900} = 3.12473473473\cdots$이 있다. 소수 전개가 유한하지 않으면서 반복하는 소수 패턴을 만들지 않는 수를 **무리수**라고 한다. 바꿔 말하면, 분수 $\frac{a}{b}$를 임의의 무리수와 정확하게 같게 만드는 정수 a와 b를 찾는 것은 불가능하다고 말할 수 있다.

특정한 수가 유리수인지 아닌지를 결정하기 어려울 때가 있는 것처럼, 특정한 수가 무리수인지 아닌지를 결정하는 것 역시 어려울 때가 있다. 친숙한 무리수가 있는 반면 친숙하지 않은 다른 무리수가 많이 있다. 여러 가지 방법으로 일부 무리수의 처음의 몇 자리를 구성할 수 있다. 실제로 어떤 유한한 반복되는 숫자 열을 갖지 않는 비순환 소수(0.10100100010000...)를 만들 수 있다. 또는 제곱근의 정의를 사용하고 더욱 정확하게 근

사치를 계산하여 $\sqrt{2}$(1.4142135623731...)와 같은 수의 더 많은 자리까지 찾아낼 수 있다. 또는 π (3.141592653589...)와 같은 수의 더 많은 자리의 숫자를 구하기 위한 자원을 찾아볼 수 있다. 물론, 이러한 수의 무한한 소수 전개를 모두 기록할 수는 없지만, 연역적인 논증을 통해 이러한 수가 무리수라는 것을 증명하는 것은 가능하다. 무리수에 대한 놀라운 사실은 유리수보다 훨씬 더 많이 있다는 것이다.

더 큰 수 집합을 계속하여 만들면 유리수와 무리수로 이루어진 집합으로 정의되는 **실수**로 확장된다. 실수는 일반적인 수직선을 모든 점으로 채워 완성할 수 있다. 실수는 고등학교와 대학교의 수학에서 광범위하게 사용된다.

3) 그 밖의 다른 수

수 체계를 계속 확장하다 보면, 우리는 자연스럽게 "실수 이상의 다른 어떤 수가 있는가?"라고 질문하게 된다. 실수가 수직선을 완성하기 때문에 그 밖의 다른 어떤 수를 상상하는 것은 어렵다.

대답할 수 있는 유형의 질문 측면에서, 또는 보다 구체적으로 해결할 수 있는 유형의 방정식 측면에서 다양한 유형의 수를 살펴봄으로써 이 질문을 탐구하여 보자. 아래의 각각의 예에서 방정식 다음에 해결을 위한 수의 종류나 필요한 수를 제시하였다.

- $5 + x = 9$ (자연수)
- $8 + x = 8$ (범자연수)
- $12 + x = 5$ (정수)
- $10x = 17$ (유리수)
- $x^2 = 5$ (무리수)
- $x^3 = 7x$ (실수)
- $x^2 = -3$ (???)

마지막 문제는 자기 자신을 곱하였을 때 -3이 나오는 수에 대해 질문하고 있다. 그러한 수가 존재하는가? 대답은 '그렇다'이지만, 실수는 아니다. 이를 해결하기 위해서는 일반적인 수직선 이상에서 살펴봐야만 한다. 호기심을 자극했다면, **허수**(imaginary number)와 **복소수**(complex number)라는 용어를 빨리 검색하는 것부터 시작하자.

04 결론

유리수는 그 자체로 공부의 중요한 대상이다. 유리수는 수로서 다양하게 사용되고, 많은 새로운 수학적 아이디어의 시작이 된다. 이 장에서 우리는 유리수가 학교 수학 교육과정의 다양한 다른 영역과 연결되어 있다는 것을 보았다. 또한, 유리수가 더욱 간단한 수 체계에서 더욱 복잡한 수 체계로 발달하는 일종의 중간 단계에 해당함을 보았다. 다음 장은 유리수 지식의 학습, 교수, 평가에 관한 도전에 초점을 둘 것이다.

제3장
도전 : 학습, 교수, 평가

학생들은 어린 나이에서부터 분수와 소수에 대한 비형식적인 지식을 발달시켜 나가기 시작한다. 우리의 도전은 초등학교 고학년에서 그러한 지식을 기반으로 하여, 학생들이 다양한 상황 속에서 유연하고, 서로 연결되고, 쉽게 적용할 수 있는 유리수 감각을 발달시켜 나가도록 돕는 것이다.

이 장은 교사들이 학생들의 유리수 감각 발달을 촉진하도록 도울 수 있는 네 가시 변화를 요약한다. 이해에 있어서 이러한 변화는 이 책의 틀인 핵심 아이디어 및 필수 이해와 밀접하게 관련되어 있다.

01 유리수를 범자연수와 연결하기

어린 아이들은 양적인 개념을 발달시켜 나가기 시작하면서, 이산적인 대상으로 이루어진 작은 집합을 세는 것을 배운다. 아이들은 대상을 세는 초기의 경험에 따라 범자연수 세기 순서에서 5 다음에 6이 오기 때문에, "5와 6 사이에는 어떠한 수도 없다"고 잘못 생각할 수도 있다. 나이가 더 많은 학생들은 이와 비슷한 추론을 사용하여 0.7과 0.8 사이에, 또는 0.78과 0.79 사이에 어떠한 수도 없다고 잘못 믿을 수도 있다.

교사에게 도전이 되는 것은 학생들이 유리수를 범자연수에서 사용하는 방법에 대한 하나의 확장이라고 알도록 돕는 것이다 (필수 이해 1a). 이러한 도전의 일부는 필수 이해 3b에서 설명한 바와 같이, 궁극적으로 8과 9 사이에($8\frac{4}{5}$ 그리고 8.01과 같

필수 이해 1a
유리수는 수를 사용하는 방식이 자연스럽게 확장된 것이다.

필수 이해 3b
임의의 두 유리수 사이에는 무한히 많은 유리수들이 존재한다.

은), 0.7과 0.8 사이에(0.725 그리고 $\frac{3}{4}$), 또는 임의의 두 유리수 사이에 무한히 많은 수가 있다는 것을 이해하기 위한 기반을 닦도록 학생들을 돕는 것이다.

1) 변화 1 - 관련 없는 체계에서 자연스러운 확장으로

변화 1
학생들은 범자연수와 유리수를 독립적이고 서로 관련이 없는 수 체계로 보는 것에서 유리수가 범자연수의 자연스러운 확장이라는 것을 이해하는 것으로 이행할 필요가 있다.

학생들은 유리수가 어떻게 범자연수를 기반으로 하여 확장되는지를 이해하기 위해 세기 경험을 측정 경험으로 보완할 필요가 있다. 이산량에서 연속량으로의 초점의 이동은 상당히 더 많은 인지적 복잡성을 수반하지만 유리수에 대한 핵심적인 기초가 된다(Hiebert, 1992). 우리가 앞에서 강조했듯이, 그리고 Dougherty와 그의 동료들(2010)이 강조한 바와 같이, 측정 상황은 범자연수를 이해하는 것에서 유리수를 이해하는 것으로의 자연스러운 이행을 제공한다.

측정을 할 때, 우리는 범자연수가 어떤 것의 양(예, 무게, 들이 또는 길이)을 정확하게 나타내기에 충분하지 않을 수도 있다는 것을 쉽게 발견한다. 예를 들어, 어떤 도시의 상수도에서 발견된 원치 않는 어떤 화학물질의 양을 기록할 때, 또는 사람의 혈액 샘플에 있는 헤모글로빈의 양을 기록할 때, 측정은 한 단위의 십분의 일, 백분의 일, 천분의 일 또는 백만분의 일에 가깝게 기록될 필요가 있을 것이다.

2) 변화 1을 촉진하기

「수와 기수법의 필수 이해 : 유아·유치원부터 2학년까지」(Dougherty 외, 2010)는 범자연수에서부터 유리수로의 이행에서 측정 상황의 중요성을 강조한다.

다음의 활동은 학생들이 유리수의 필요성과 어떻게 유리수가 범자연수와 관련되는지를 이해하도록 돕는 데 사용될 수 있을 것이다. 또한 이러한 예는 역사적으로 유리수의 발달에 중요한 자극제 역할을 한 측정에서의 정확성을 논의할 수 있는 풍부한 가능성을 제공한다.

과제 : 미니 올림픽

학생들은 아래 항목과 같은 경기에 참가하기 위해 팀으로 구성되었다. 제시된 경기들은 야외의 제한된 공간 또는 교실에서 쉽게 수행될 수 있다.

- 콩 주머니 던지기 : 학생들은 포환던지기 기술을 사용하여 선 뒤에 서서 면으로 된 콩 주머니를 던진다.
- 미니 창 던지기 : 학생들은 창던지기와 같이 선 뒤에 서서 빨대나 면봉을 던진다.
- 길게 튕기기 : 학생들은 엄지손가락으로 하나의 동전(또는 게임용 카운터)의 가장자리를 눌러 또 다른 동전의 가장자리로 던진다. 즉, 더 낮게 있는 동전이 앞으로 뛰어오르게 한다.
- 원반 날리기 : 학생들은 하나의 선 뒤에 선 채로 플라스틱 컵 하나를 한번에 불어서 긴 탁자나 바닥을 가로지르게 한다.

Tip

학생들이 더 정확한 측정을 하도록 경험하게 하는 것은 매우 자생적이고 자연스러운 방법으로 유리수의 필요성을 설명할 수 있다. 그 결과 범자연수와 유리수를 연결하는 다리를 제공하게 된다.

각각의 경기에서 학생들은 아래에 보이는 것과 같이 길쭉한 종이에 단위를 표시하기 위해 연필(또는 또 다른 비표준적인 단위)을 사용하여 자를 만들고 거리를 측정한다.

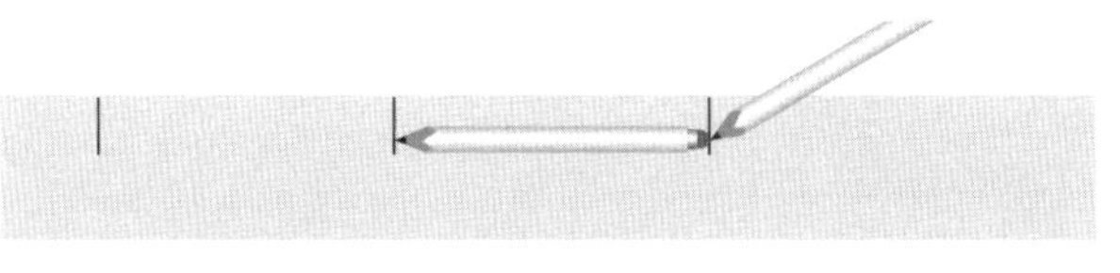

각 팀의 구성원들은 각각의 경기에서 달성한 거리를 연필 단위(또는 또 다른 선택된 항목을 기초로 한 단위)로 측정하여 기록하는 방법에 대해 논의하고 동의해야만 한다.

미니 올림픽 활동을 하는 동안, 학생들은 범자연수 단위로 거리를 측정하는 것은 자신의 측정값을 서로의 측정값 및 다른 팀의 측정값과 구별하기에 충분히 정확하지 않다는 것을 쉽게 알 것이다. 학생들은 자신의 자에 있는 연필 단위를 $\frac{1}{4}$, $\frac{1}{6}$, $\frac{1}{8}$, 또는 $\frac{1}{10}$과 같이 똑같은 부분으로 다시 나눌 필요가 있다. 단위를 $\frac{1}{2}$외에 $\frac{1}{3}$, $\frac{1}{6}$과 같은 부분으로 세분할 수 있는 것은 유리수 감각에 있어서 중요한 요소이다(Lamon, 1999; Pothier & Swada, 1983). 이러한 경험은 학생들이 $\frac{1}{2}$과 $\frac{1}{3}$, $\frac{1}{2}$과 $\frac{1}{4}$, $\frac{1}{3}$과 $\frac{1}{6}$ 등의 분수 사이의 관계를 이해하도록 도울 수 있다. 예를 들어, 하나의 단위를 3등분 하려고 하는 학생들이 중간 지점에 하나의 선을 그리는 것으로 시작하여 $\frac{1}{2}$에 직면한 스스로를 발견한 후 어찌할 바를 몰라 할 때 하나의 완벽한 학습 기회가 발생한다! [생각해보기 3.1]은 미니 올림픽 과제의 중요성을 극대화하기 위한 방법을 탐구한다.

> **Tip**
>
> 학생들이 단위를 $\frac{1}{2}$ 외에 $\frac{1}{3}$, $\frac{1}{5}$, $\frac{1}{6}$과 같이 똑같은 부분으로 나누도록 하시오.

생각해보기 3.1

미니 올림픽 과제와 관련된 어떤 논의 유도가 학생들이 다음의 아이디어를 이해하기 위한 기초를 확립하도록 도울 수 있는가?

1. 유리수는 범자연수의 확장이다.
2. 수직선 위의 임의의 두 수 사이에는 항상 더 많은 수들이 존재한다.

교사는 미니 올림픽 과제에서 학생들을 관찰하는 동안, 새로운 통찰을 자극하거나 암묵적인 이해를 더욱 명시적으로 만들기 위해서 학생들에게 다음과 같은 질문을 할 수도 있다.

1. 활동을 하는 동안 자에 어떠한 변화를 주었는가? 설명하시오.
2. 왜 자의 단위를 세분하였는가? 자의 단위를 세분하기 위한 다른 방법에는 무엇이 있는가? 단위의 $\frac{1}{3}$, $\frac{1}{6}$, $\frac{1}{10}$

중에서 어떤 것이 더욱 정확하게 측정할 수 있도록 하는지를 설명하시오.

3. 하나의 단위에서 나누어질 수 있는 가장 작은 부분은 무엇인가? (궁극적으로 학생들은 연필 단위를 백만 등분이나 십억 등분으로 나누는 것이 물리적으로는 불가능할 수도 있지만, 그 단위를 임의의 똑같은 부분으로 나누는 것은 이론적으로는 가능하다는 것을 이해할 것이다.)
4. 2와 3 사이에 수가 존재한다고 누군가를 어떻게 설득할 것인가? 자를 사용하여 2와 3 사이의 수의 예를 제시하시오. (심지어 어린 학생들조차도 $2\frac{1}{2}$은 2와 3 사이에 있는 수라는 것을 이해할 능력을 가지고 있다.)

이와 같은 논의 유도는 학생들이 자신의 이해를 확립하도록 도울 뿐만 아니라, 범자연수와 유리수를 독립적인 서로 관련 없는 수 체계로 보는 것에서 유리수는 범자연수의 자연스러운 확장임을 이해하는 것으로 얼마나 잘 이행하는지를 평가하기 위한 하나의 비형식적인 방법으로도 사용될 수 있다.

02 유리수의 다양한 의미와 단위

일반적으로 교실에서 사용하는 분수 모델은 등분할된 원이나 직사각형 영역이다. 이러한 다양한 모델은 전체-부분 관계를 기술하는 데에 자주 사용된다. 여기에서 분수는 부분의 총 개수(분모) 중에서 얼마나 많은 부분이 표시되는지(분자)를 나타낸다. 이 모델의 장점 중 하나는 생일 케이크와 같이 무언가를 똑같은 부분으로 자르는 것에 대한 학생들의 생활 속 경험을 기반으로 한다는 것이다. 또 다른 장점은 학생들이 생일 케이크의 8개의 똑같은 조각 중에서 3개의 부분을 케이크의 $\frac{3}{8}$이라고 나타내기 위해 세는 것과 같이, 한 분수의 분자, 분모를 나타내기 위해 세기를 사용하기 쉽다는 것을 아는 것이다.

그러나 전체-부분 모델에는 한계가 있다. 첫째, 하나의 영역을 $\frac{1}{5}$, $\frac{1}{7}$, $\frac{1}{10}$과 같이 특정한 부분의 수로 나누는 것은 학생들에게 어렵다. 둘째, 이 모델은 학생들에게 하나의 부분을 또 다른 부분과 비교하는 상대적인 크기 감각을 제공하지 않을 수도 있다. 그리고 이를 인식하는 것은 유리수 감각의 중요한 부분이다. 학생들이 3과 4를 각각 부분을 세서 나온 별개의 두 수로만 생각한다면, $\frac{3}{4}$의 의미를 어떻게 이해할 수 있는가? 반대로 만약 학생들이 $\frac{3}{4}$을 수직선 위의 어디에 놓아야 하는지를 생각해야 한다면, $\frac{3}{4}$이 각각 별개의 값을 가진 두 수를 의미하기보다는 하나의 수를 의미한다는 것을 고려해야 한다. 전체-부분 모델의 세 번째 한계는 학생들이 $\frac{5}{4}$와 같은 가분수를 이해하는 데 어려움을 겪을 수도 있다는 것이다. 4개의 부분으로만 이루어진 하나의 전체 중에서 5개의 부분을 갖는다는 것이 불가능해보일 것이기 때문이다. 핵심 아이디어 2와 관련된 가르치는 데 있어서의 도전은 학생들에게 유리수의 다양한 의미에 대한 유연성을 갖도록 돕는 것이다. 특히, 학생들이 하나의 유리수를 측도로 해석하는 것과 수직선 모델로 역량을 발달시키는 것이 중요하다(Lamon, 1999; Fosnot & Dolk, 2002).

Big idea

핵심 아이디어 2
유리수는 다양한 의미를 가지며, 이를 이해하는 것은 단위를 식별하는 데 달려 있다.

변화 2
학생들은 특히 측정 의미와 수직선 모델에 주의를 기울여서 유리수에 대한 지극히 단순한 전체-부분 모델에서부터 다양한 표현에 대한 복잡한 이해로 이행할 필요가 있다.

필수 이해 2a
단위 개념은 유리수의 의미에서 기본이다.

1) 변화 2 - 하나의 모델에서 다양한 표현으로

필수 이해 2a에서 설명한 바와 같이, **단위**(또는 **전체**)의 개념은 유리수 의미의 핵심이다. 하나의 단위는 연속적일 수도 있고, 또는 구슬 한 봉지 또는 달걀 한 묶음와 같이 이산적인 요소일 수도 있다. (130권의 장서, 0.75인치의 길이, $3\frac{1}{2}$묶음의 쿠키와 같이) 무언가의 어떤 양도 하나의 단위로 개념화될 수 있다는 아이디어는 **단위**라는 용어의 의미를 이해하는 것의 복잡성을 더한다(1장의 필수 이해 2g에 대한 논의 참고). [생각해보기 3.2]는 **단위**의 아이디어에 대한 추론의 중요성을 나타낸다.

필수 이해 2g
단위 개념은 범자연수에서 유리수로 확장되면서 더욱 복잡해진다.

생각해보기 3.2

1. 아래의 선분 AB에서,

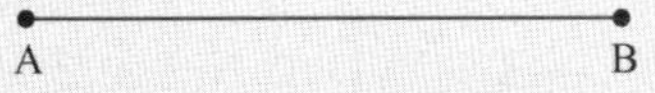

선분 AB가 다음을 나타낼 때, 단위 1의 길이가 되는 하나의 선분을 그려라.

㉠ $\frac{1}{3}$단위　　㉡ $\frac{2}{3}$단위　　㉢ $1\frac{1}{2}$단위

2. 12개의 땅콩이 다음을 나타낼 때 한 봉지에 몇 개의 땅콩이 들어있는가?

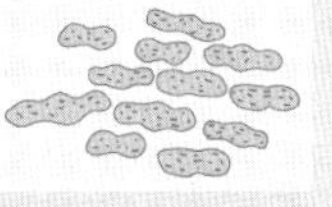

㉠ 한 봉지의 $\frac{1}{3}$　㉡ 한 봉지의 $\frac{2}{3}$　㉢ 한 봉지의 $1\frac{1}{2}$

3. 0.6이 어떤 것의 1 이상을 나타내는 하나의 예를 제시하시오.

4. 어떤 것의 $\frac{1}{4}$이 정확하게 다른 것의 $3\frac{1}{2}$을 나타내는 하나의 예를 제시하시오.

[생각해보기 3.2]에 제시된 것과 같은 문제를 해결하기 위해서는 유연하면서 때로는 복잡한 방법으로 단위에 대해 추론하는 것이 필요하다. 문제 1의 ㉠에서 누군가는 선분 AB가 $\frac{1}{3}$ 단위를 나타낼 때, 단위 1은 3배만큼 길 것이라고 추론할 수도 있다.

또는 문제 1의 ㉡에서 선분 AB가 $\frac{2}{3}$단위 길이일 때, 누군가는 $\frac{2}{3}$단위가 $\frac{1}{3}$씩 2개와 같기 때문에, 선분 AB 길이의 반이 되는 하나의 선분이 $\frac{1}{3}$단위를 나타낼 것이라고 추론할 것

이다. 그런 다음 이 선분의 길이를 3배하여 단위 1의 길이가 되는 선분을 찾을 것이다. 이와 유사한 유형의 추론이 땅콩 문제를 해결하는 데 사용될 수 있다. 예를 들어, 문제 2의 ㉢에서 12개의 땅콩이 $1\frac{1}{2}$봉지를 나타낸다면, 누군가는 12개의 땅콩을 3개의 반 봉지로 여기고 각각의 반 봉지에 4개의 땅콩이 있는 것으로 생각할 수도 있다. 그러므로 전체 봉지 하나에는 반 봉지의 두 배만큼 즉 8개의 땅콩이 있을 것이다.

단위에 대한 유연한 추론은 유리수 감각의 핵심 구성 요소이며, 시간이 지나면서 많은 경험을 통해 발달한다. 교사에게 있어서 도전은 유리수에 대한 학생들의 직관적인 이해를 기반으로 하여 단위를 확인하고 추론하도록 돕는 것이다.

2) 변화 2를 촉진하기

아래의 과제는 하나의 전체 또는 단위가 될 수 있는 매우 다양한 종류의 사물에 대한 학생들의 상상력을 유발한다. 목표는 학생들이 다음과 같은 예들을 포함하여 단위에 대해 생각하는 방법을 확장하도록 하는 것이다.

- 하나의 단위는 연속적인 영역으로 모델링된다.
- 하나의 단위는 정신적으로 함께 "묶인" 이산적인 사물의 집합으로 모델링된다.
- 하나의 단위는 많은 수의 조각들로 구성된 하나의 단일 대상으로 모델링된다.
- 하나의 단위는 분수나 대분수로 모델링된다.

Big idea

핵심 아이디어 2
유리수는 다양한 의미를 가지며, 이를 이해하는 것은 단위를 식별하는 데 달려 있다.

1장의 핵심 아이디어 2에 대한 논의에서 하나의 단위를 모델링하는 이러한 방법을 더욱 상세하게 설명하였다.

과제 : 유리수를 나타내는 다양한 방법

학생들은 분수 $\frac{1}{3}$(또는 $\frac{3}{8}$, 0.25, $2\frac{3}{4}$, 기타)을 모델링

하기 위해 그리거나, 자료를 사용하거나, 맥락에서 $\frac{1}{3}$이 사용된 방법의 예를 제시함으로써 다양한 방법을 찾아낸다.
교사들은 논의를 자극하기 위해, 그리고 학생들이 새로운 방법으로 생각하도록 하기 위해 다음과 같은 질문을 한다.

1. 누가 $\frac{1}{3}$을 나타내는 방법을 아는가? 그 방법이 옳다는 것을 어떻게 아는가?
2. 주스 6개가 들어있는 팩 하나(30명으로 구성된 한 학급, 교실의 길이, 우유 1갤런)는 어떠한가? $\frac{1}{3}$을 나타내는 또 다른 방법에 대한 아이디어를 제시할 수 있는가? 설명하시오.
3. 어떤 것의 $\frac{1}{3}$이 다른 것의 1 이상을 나타낼 수 있는 하나의 예를 제시하시오.
4. 어떤 것의 $\frac{1}{3}$이 대분수가 될 수 있는 하나의 예를 제시하시오.

Tip
학생들에게 단위를 확인하고 단위에 대해 추론하도록 요구하는 다양한 문제를 제공하시오. 그림을 그리거나 자료들을 가지고 모델링하는 데 도움이 되는 맥락을 선정하시오.

학생들은 광범위한 이전 지식을 가지고 '유리수를 나타내는 다양한 방법'과 같은 과제에 접근할 수 있지만, 이러한 과제들은 더욱 정교한 추론과 다양한 종류의 모델을 요구하는 상황을 제시함으로써 모든 학생의 사고에 도전이 된다. 예를 들어, 주스 6개가 들어있는 팩 하나의 $\frac{1}{3}$을 나타내는 것은 상대적으로 쉽지만, 같은 6개가 들어있는 팩 하나의 $\frac{1}{4}$을 나타내는 것은 더욱 어렵다. 또한, 학생들은 직사각형이나 원의 분수 부분을 확인 하는 것에 익숙할 수도 있지만 수직선 모델을 사용하여 선분의 길이를 결정하는 것에 대한 경험은 거의 없다. 한 학급, 반시간, 1.2마일, 우유 한 병, 1.50달러, 책 한 권, 15개의 숙제 문제, 6개의 그래놀라 바, 마카로니 한 봉지, 땅콩버터 $1\frac{3}{4}$컵, 리본 $\frac{1}{2}$야드, 샌드위치 $3\frac{1}{2}$과 같은 다양한 실세계 맥락에서 단위에 대해 생각하는 것이 학생들에게 도움이 될 것이다.
특히 측정 맥락은 학생들의 유리수 감각을 확립하는 데 중요하다. 이러한 버전의 과제는 또한 유리수에 대한 학생들의 이해의 깊이와 복잡성을 평가하는 데 사용될 수도 있다.

다양한 모델로 분수와 소수를 나타내는 방법을 학습하는 것은 학생들이 자신의 유리수 감각을 확립하도록 도울 뿐만 아니라 실세계 맥락에서 이러한 기호가 어떻게 사용되는지를 이해하도록 돕는다. 이러한 다양한 표현에 대한 유창성을 발달시키는 것은 고급 수학과 다른 영역에서의 문제에 대해 유연하게 사고하도록 학생들을 준비시킨다.

03 유리수 동치를 이해하기

Big idea

핵심 아이디어 3
모든 유리수는 동치 관계에 있는 무한히 많은 기호 형태로 표현될 수 있다.

동치는 유리수 감각의 중요한 구성요소일 뿐만 아니라 핵심 아이디어 3에서 기본이 되는 필수적인 개념이다. 학생들은 유리수를 비교하고 순서대로 나열하는 데 동치에 대한 아이디어를 사용한다. 유리수에 대한 측정의 의미를 기반으로 하는 수직선은 학생들이 유연하고 자신 있게 유리수를 다루도록 돕는 풍부한 맥락을 제공한다. 이러한 맥락에서, 학생들은 수직선 전체에 걸쳐 유리수가 있다는 것과 주어진 임의의 두 유리수 사이에 많은(사실상 무한히 많은) 유리수들이 존재한다는 것을 학습한다. 또한, 학생들은 단위를 다양한 방법으로 분할하는 것을 학습하여 수직선 위의 유리수의 대략적인 위치를 찾을 수 있다. 0, $\frac{1}{2}$, 0.75, 0.5와 같은 일반적인 기준을 잘 활용하는 것은 다른 유리수들의 상대적인 크기를 이해하고 순서대로 나열하는 데 중요한 역할을 한다.

1) 변화 3 - 범자연수를 기반으로 한 비교에서부터 동치를 기반으로 한 비교로

변화 3
학생들은 유리수를 비교하고 순서대로 나열할 때 범자연수의 비교에 관해 생각하는 것으로부터 유리수의 동치를 기반으로 한 아이디어를 사용하는 것으로 이행할 필요가 있다.

유리수를 비교하거나 순서대로 나열하고자 할 때, 학생들은 우선 범자연수의 비교에서 이해한 것과 관련하여 이해하려고 시도한다. 학생들은 $\frac{3}{5}$이 $\frac{2}{3}$보다 더 큰 값이라고 잘못 생각할 수도 있는데, 분자에 있는 3이 2보다 더 크고, 분모에 있는 5가 3보다 크기 때문이다. 또는 0.33이 0.3보다 더 큰 값이라고 (올바르게) 생각할 수도 있다. 왜냐하면 33이 3보다 크기 때문이다(올바르지 않은 추론). 이와 반대로, 학생들은 동치에 대한 이해를 기반으로 하여 유의미한 방법으로 유리수를 비교할 수 있다. 학생들은 이러한 아이디어를 사용하여 $\frac{2}{3}$가 $\frac{3}{5}$보다 큰 값이라고 추론할 수도 있는데, $\frac{10}{15}$($\frac{2}{3}$와 동치 분수인)은 $\frac{9}{15}$($\frac{3}{5}$과 동치 분수인)보다 크기 때문이다. 또한 동치 개념을 사용하여, 0.33이 0.30(0.3과 동치인)보다 더 큰 값이라고 추론할 수도 있다.

2) 변화 3을 촉진하기

다음의 과제는 수직선을 사용하여 동치에 대한 학생들의 아이디어를 발달시키고, 이러한 아이디어를 적용하여 수를 비교한 후 순서대로 나열하도록 돕기 위한 것이다. 또한 수직선 위에 무한히 많은 수들이 존재한다는 아이디어에 대한 기초를 형성한다.

과제 : 수 빨랫줄

학생들은 교실을 가로질러 걸려 있는 빨랫줄에 각각 서로 다른 유리수가 쓰여 있는 카드를 꽂아 하나의 수직선을 만든다. 학생들이 과제를 시작하기 전에 교사는 수직선에 0, 0.1, $\frac{1}{2}$, 1 등의 끝점이나 벤치마크와 같이 핵심적인 수를 몇 개 붙여야 한다. 학생들이 활동을 시작한 후에는 다른 누군가가 놓은 수의 위치에 동의하지 않는다면, 학생은 다른 위치를 제안하고 이에 대해 증명할 수 있다. 각각의 수에 대한 이러한 논의는 학생들의 의견이 일치될 때까지 지속된다.

유리수 집합의 샘플

- 분자가 1인 분수 : $\frac{1}{3}$, $\frac{1}{5}$, $\frac{1}{6}$, $\frac{1}{8}$, $\frac{1}{10}$, $\frac{1}{20}$

  과제를 시작하기 전에 빨랫줄에 0과 1을 표시하시오.
- 소수와 분수 : $\frac{3}{5}$, $\frac{5}{10}$, 0.35, 0.5, 0.33, $\frac{1}{3}$

  (0.33은 $\frac{1}{3}$과 같지 않지만 매우 근사한 값이라는 것에 유의하시오)

  과제를 시작하기 전에 빨랫줄에 0과 1을 표시하시오.
- 가분수나 대분수를 포함한 분수

  : $\frac{0}{3}$, $\frac{4}{4}$, $\frac{5}{4}$, $\frac{5}{3}$, $\frac{6}{3}$, $1\frac{1}{2}$, $\frac{4}{2}$, $2\frac{1}{2}$

  과제를 시작하기 전에 빨랫줄에 0, 1, 2를 표시하시오.

교사들은 학생들에게 이러한 과제를 한 학년에 길쳐, 또는 여러 학년에 걸쳐 다양하게 표기된 수를 제시하여 반복적으로 제공할 수 있다. 과제를 다양하게 제시하기 위해서 어떤 교사는 모든 수들을 놓은 이후에 1의 위치를 바꿔서 그 수들을 다시 놓게 할 수도 있다. 또는 0, 1과 같은 끝점 및 벤치마크를 미리 정해놓고 그 과제를 시작하는 대신에 $1\frac{1}{4}$과 2 또는 0.5와 1의 위치를 정해놓고 시작할 수도 있다. 학생들은 매우 다양한 수직선 과제를 해결함으로써 수의 다양한 형태 사이의 관계를 이해할 수 있다.

Tip
학생들에게 다양한 모델과 기호 형태를 사용하여 유리수를 비교하고 순서대로 나열하는 방법을 설명하도록 요구하는 평가 과제를 제시하시오.

'수 빨랫줄'과 같은 활동을 하는 동안에, 교사들은 개별 학생뿐만 아니라 집단 전체의 강한 부분과 취약한 부분을 관찰할 수 있다. 교사들은 이러한 정보를 활용하여 그 밖의 다른 수학 과제를 계획하고, 다음 빨랫줄 수업에서 사용할 수를 선정할 수 있다. 또 학생들의 수행능력을 개별적으로, 짝으로, 모둠으로 평가할 수도 있다. 개방형 평가 과제에서는 학생들이 4개의 수를 고르고 이 수들을 수직선 위에 놓도록 질문할 수도 있다. 학생들은 대분수나 소수 한 자릿수, 소수 두 자릿수와 같은 특정한 종류의 수를 포함하여 자신의 이해의 폭이나 깊이를 보여야 하는 어려움에 직면할 수도 있다.

04 유리수 연산에 대해 이해하기

기억하기 어렵고 그럴듯하지 않게 보이는 서로 관련 없는 공식으로 유리수 연산을 가르치면 학생들은 좌절하기 쉽다. 동분모 분수를 더할 때 왜 분자끼리 더하고 분모끼리는 더하지 않는가? 하나의 분수를 또 다른 분수로 나눌 때 왜 첫 번째 분수가 아닌 두 번째 분수의 역수를 취하는가? 0.5, 0.8과 같은 두 개의 소수를 곱하면 왜 더 큰 수가 아닌 더 작은 수가 나오는가? 소수에서 왜 어떤 0은 삭제할 수 있고 다른 0은 삭제하면 안 되는가? 또는 왜 어떤 자리에서는 0을 붙일 수 있고 다른 자리에서는 0을 붙이면 안 되는가? 학생들이 포기하는 게 당연하다! 그러나 핵심 아이디어 4와 관련된 필수 이해에 초점을 둠으로써 우리는 학생들이 범자연수 연산에 대한 자신의 이해를 유리수 연산을 이해하는 데 사용하도록 도울 수 있다.

1) 변화 4 - “공식”에서 이해로

변화 4
학생들은 범자연수 연산의 맥락 안에서만 연산에 대해 생각하는 것에서부터 유리수 연산을 범자연수 연산에 대해 자신이 알고 있는 것의 확장으로서 이해하는 것으로 이행할 필요가 있다.

만약 학생들이 범자연수의 덧셈, 뺄셈, 곱셈, 나눗셈에서 임의의 공식을 암기만 하기보다는 그 의미를 이해한다면, 학생들은 이러한 아이디어를 적용하여 분수나 소수 맥락에서의 연산의 의미를 이해할 수 있다. 비록 상황에 따라 미묘한(그리고 때때로 복잡한) 차이가 있을지라도, 광범위한 아이디어들이 여전히 적용된다.

범자연수에 관한 활동에서와 마찬가지로(Dougherty 외 (2010) 참고) 학생들은 유리수 연산에 대한 다양한 의미에 익숙해져야만 한다. 1장에서의 핵심 아이디어 4에 대한 논의는 수업을 계획할 때 도움이 되는 아이디어를 제공하는데, 이 수업은 학생들이 몇 가지 일반적인 유리수 알고리즘뿐만 아니라 유리수 계산에 대해 전반적으로 이해하도록 돕기 위한 것이다.

Big idea

핵심 아이디어 4
유리수 계산은 범자연수 계산이 확장된 것이지만, 몇 가지 새로운 아이디어와 과정이 도입된다.

2) 변화 4를 촉진하기

다음의 과제는 학생들로 하여금 실생활 맥락과 연결된 경험을 통해 유리수 연산의 의미를 해석하도록 돕는 하나의 환경을 제공한다. 일상의 맥락에 놓인 문제들은 학생들에게 유리수 연산이 포함된 문제를 유의미하게 해석하기 위한 맥락적, 언어적, 시각적인 단서를 사용할 기회를 제공하기 때문에 특히 중요하다.

과제 : 학급 파티를 위한 요리

학생들은 모둠으로 활동하면서 레시피의 재료를 측정하는 맥락에서 하나의 연산이 의미하는 바를 생각하는 것에 직면한다.

각 모둠의 학생들은 학급의 학생 수보다 더 많거나 더 적은 양을 만드는 레시피의 복사본을 사용한다. 학생들은 교실에 있는 각각의 학생에게 1인분씩 제공하기 위해 레시피를 수정한다. 예를 들어, 학생들은 레시피를 두 배 또는 세 배로 만들어야 할 수도 있고, 레시피의 $\frac{1}{2}$ 또는 $1\frac{1}{2}$배로 바꿔야 할 수도 있다. 학생들의 임무는 새로운 레시피가 같은 맛을 유지하면서 더 많거나 더 적은 음식을 만들기 위해서 각각의 재료가 얼마나 필요한지를 알아내는 것이다.

각 모둠의 학생들은 다양한 계량컵과 계량스푼을 사용해야 한다(만약 완전한 세트를 이용할 수 없다면 공유할 수도 있고, 어떠한 계량도구도 사용할 수 없다면 그림을 그릴

수 있다).

'학급 파티를 위한 요리'와 같은 과제는 학생들에게 실세계 맥락을 통해 이해를 발달시킬 수 있는 기회를 제공한다. 그래놀라 바 레시피에 오트밀 $\frac{3}{4}$컵이 제시되어 있고, 학생들은 이것의 $1\frac{1}{2}$배만큼 필요하다면, 문제 전반에 걸쳐 추론하기 위해 실제 계량컵을 사용하거나 그림을 사용할 수 있다. 이와 마찬가지로, 만약 견과빵 레시피에 반죽할 때 아몬드 $\frac{3}{4}$컵이 필요하고 위에 뿌릴 때 아몬드 $\frac{1}{4}$컵이 필요하다고 제시되어 있다면, 이 맥락은 모두 아몬드 한 컵이 필요하다는 것을 명백히 하도록 도울 수 있다. 만약 학생들이 맥락 문제의 해결을 통해 수 감각을 발달시키기 이전에 계산 알고리즘을 사용하려고 한다면, 절차나 해결방법이 무의미한 경우를 인식하기에 어려움이 있을 것이다. 예를 들어, (맥락 없이) $\frac{3}{4}+\frac{1}{4}$을 더할 때, 분자끼리 더하고 분모끼리 더하여 $\frac{4}{8}$ 또는 $\frac{1}{2}$을 구하는 일반적인 오류에 빠질 것이다. 이러한 해결방법은 맥락에서 문제를 해결하기 위해 추론을 활용하는 것이 강력한 기반인 유리수 감각을 지닌 학생들에게는 타당하지 않을 것이다.

> Tip
> 유리수 연산에 관한 문제를 고를 때, 여러 복잡한 문제와 학생들에게 다양한 유형의 단위와 표현을 사용하여 활동하는 경험을 제공하기 위한 맥락을 의도적으로 선정하시오.

맥락이 있는 문제로 시작하는 것이 중요할지라도, 학생들은 궁극적으로 기호로만 제시된 문제에서도 유리수 감각을 동일하게 활용해야 한다(Sfard, 2000). 교사로서 우리는 학생들에게 자신의 생각을 그림으로 나타내게 하고 말로 설명하게 해야할 뿐만 아니라, 이러한 아이디어를 기호 형태로 표현하도록 격려하고자 한다.

교사들은 요리 과제와 관련된 논의를 통해 유리수 연산에 대한 학생들의 이해에 대하여 많은 것을 배울 수 있다. 예를

Tip
실세계 맥락 문제로 활동하는 학생들에게 자신의 이해를 자료와 그림을 이용하여 설명하면서 말로 나타내고, 수학적인 식을 이용하여 기호적으로 표현하게 하시오. 학생들이 다양한 맥락적 경험을 하고 나면 기호로만 이루어진 문제의 의미를 다양한 방법으로 해석하게 하시오.

들어, 어떤 교사는 "우유 $1\frac{3}{4}$컵만 가지고 있고 2컵이 필요하다고 생각해보자. 얼마나 더 필요한가? 이 문제를 표현하고 해결하기 위해 어떻게 수식을 쓸 것인가?"와 같이 질문할 수 있다. 그런 다음 교사는 예를 들어, 학생들이 이것을 뺄셈에 관한 비교 문제($2-1\frac{3}{4}=\square$)로 생각하는지 또는 빈 칸이 있는 덧셈 문제($1\frac{3}{4}+\square=2$)로 생각하는지를 관찰할 수 있다. 또한 교사는 이러한 과정에서 학생들이 어떻게 결과를 계산하고 답을 내는지 알게 될 것이다. 또는 교사는 오트밀 $\frac{3}{4}$컵의 $1\frac{1}{2}$배만큼을 구하는 맥락에서 학생들이 유사한 이슈를 어떻게 다루는지 평가하기 위한 질문을 할 수도 있다.

04 결론

Tip
학생들이 유리수 상황에서 수학적인 아이디어를 찾는 데 어려움을 겪는다면, 유리수 대신 범자연수에 관한 상황을 이해하는 것으로 시작하도록 하시오. 범자연수와 유리수로 된 문제 사이의 유사점에 명시적으로 주의를 환기시키는 것은 학생들이 스스로 이들을 연결하도록 도울 수 있다.

이 장에서는 학생들이 범자연수에 대해 알고 있는 것을 토대로 유리수를 이해하도록 돕는 방법을 설명하였다. 또한 학생들이 유리수 감각을 형성할 때 나타나는 이해에 있어서의 중요한 변화를 논의하였다. 종합하면 이 책의 여러 장들은 유리수에 대한 우리 자신의 수학적인 이해를 발달시키고 그러한 이해를 우리의 학생들을 학습 경험에 관여시키는 것으로 전환하도록 돕는 하나의 자원이라고 할 수 있다.

참고문헌

Bassarear, Tom. *Mathematics for Elementary School Teachers*. 4th ed. Boston: Houghton Mifflin, 2008.

Behr, Merlyn, Richard Lesh, Thomas R. Post, and Edward A. Silver. "Rational Number Concepts." In *Acquisitions of Mathematics Concepts and Processes*, edited by Richard Lesh and Marsha Landau, pp. 91–126. New York: Academic Press, 1983.

Bourbaki, Nicolas. *Elements of the History of Mathematics*. New York: Springer, 1998.

Carraher, David William. "Some Relations among Fractions, Ratios, and Proportions." Paper presented at the Seventh International Congress on Mathematics Education (ICME-7), Quebec, 1992.

———. "Learning about Fractions." In *Theories of Mathematical Learning*, edited by Lester P. Steffe, Pearla Nesher, Paul Cobb, Gerald A. Goldin, and Brian Greer, pp. 241–266. Mahwah, N.J.: Lawrence Erlbaum Associates, 1996.

Crawfurd, John. "On the Numerals as Evidence of the Progress of Civilization." *Transactions of the Ethnological Society of London*. Royal Anthropological Institute of Great Britain and Ireland, 1863.

Dougherty, Barbara J., Alfinio Flores, Everett Louis, and Catherine Sophian. *Developing Essential Understanding of Number and Numeration for Teaching Mathematics in Prekindergarten–Grade 2*. Essential Understanding Series. Reston, Va.: National Council of Teachers of Mathematics, 2010.

Eels, W. C. "Number Systems of the North American Indians." *The American Mathematical Monthly* 20 (November–December 1913): 263–72, 293–99.

Falkner, Karen P., Linda Levi, and Thomas P. Carpenter. "Children's Understanding of Equality: A Foundation for Algebra." *Teaching Children Mathematics* 6 (December 1999): 232–36.

Filep, László. "The Development, and the Developing of, the Concept of a Fraction." Centre for Innovation in Mathematics Teaching. *International Journal for Mathematics Teaching and Learning* (electronic), April 18, 2001. http://www.cimt.plymouth.ac.uk/journal/lffract.pdf.

Fosnot, Catherine Twomey, and Maarten Dolk. *Young Mathematicians at Work: Constructing Fractions, Decimals, and Percents*. Portsmouth, N.H.: Heinemann, 2002.

Hiebert, James. "Mathematical, Cognitive, and Instructional Analyses of Decimal Fractions." In *Analysis of Arithmetic for Mathematics Teaching*, edited by Gaea Leinhardt, Ralph Putnam, and Rosemary A. Hattrup, pp. 283–322. Hillsdale, N.J.: Lawrence Erlbaum Associates, 1992.

Kieren, Thomas E. "Rational and Fractional Numbers as Mathematical and Personal Knowledge: Implications for Curriculum and Instruction." In *Analysis of Arithmetic for Mathematics Teaching,* edited by Gaea Leinhardt, Ralph Putnam, and Rosemary A. Hattrup, pp. 323–71. Hillsdale, N.J.: Lawrence Erlbaum Associates, 1992.

Lamon, Susan. J. "Rational Numbers and Proportional Reasoning: Toward a Theoretical Framework for Research." In *Second Handbook of Research on Mathematics Teaching and Learning,* edited by Frank K. Lester, pp. 629–67. Charlotte, N.C.: Information Age; Reston, Va.: National Council of Teachers of Mathematics, 2007.

———. *Teaching Fractions and Ratios for Understanding.* Mahwah, N.J.: Lawrence Erlbaum Associates, 1999.

Lobato, Joanne, and Amy B. Ellis. *Developing Essential Understanding of Ratios, Proportions, and Proportional Reasoning for Teaching Mathematics in Grades 6–8.* Essential Understanding Series. Reston, Va.: National Council of Teachers of Mathematics, 2010.

Moss, Joan, and Robbie Case. "Developing Children's Understanding of the Rational Numbers: A New Model and an Experimental Curriculum." *Journal for Research in Mathematics Education* 30 (March 1999): 122–47.

Murdoch, John. "Notes on Counting and Measuring among the Eskimo of Point Barrow." *American Anthropologist.* American Anthropological Association, 1890.

National Council of Teachers of Mathematics (NCTM). *Principles and Standards for School Mathematics.* Reston, Va.: NCTM, 2000.

———. *Curriculum Focal Points for Prekindergarten through Grade 8 Mathematics: A Quest for Coherence.* Reston, Va.: NCTM, 2006.

———. *Focus in High School Mathematics: Reasoning and Sense Making.* Reston, Va.: NCTM, 2009.

Niven, Ivan. "A Simple Proof that π is Irrational." *Bulletin of the American Mathematical Society* 53 (June 1947): 509.

Norton, Anderson H., and Andrea V. McCloskey. "Modeling Students' Mathematics Using Steffe's Fraction Schemes." *Teaching Children Mathematics* 15 (August 2008): 48–54.

Otto, Albert D., Janet Caldwell, Cheryl Ann Lubinski, and Sarah Hancock. *Developing Essential Understanding of Multiplication and Division for Teaching Mathematics in Grades 3–5.* Essential Understanding Series. Reston, Va.: National Council of Teachers of Mathematics, 2011

Parker, Melanie, and Gaea Leinhardt. "Percent: A Privileged Proportion." *Review of Educational Research* 65 (Winter 1995): 421–81.

Pothier, Yvonne, and Daiyo Swada. "Partitioning: The Emergence of Rational Number Ideas in Young Children." *Journal for Research in Mathematics Education* 14 (November 1983): 307–17.

Pugalee, David K., Fran Arbaugh, Jennifer M. Bay-Williams, Ann Farrell, Susann Mathews, and David Royster. *Navigating through Mathematical Connections in Grades 6–8. Principles and Standards for School Mathematics* Navigations Series. Reston, Va.: National Council of Teachers of Mathematics, 2008.

Ross, Sharon R. "Parts, Wholes, and Place Value: A Developmental View." *Arithmetic Teacher* 36 (February 1989): 47–51.

Sfard, Anna. "On Reform Movement and the Limits of Mathematical Discourse." *Mathematical Thinking and Learning* 2 (January 2000): 157–89.

Schmandt-Besserat, Denise. *The History of Counting*. Illustrated by Michael Hays. New York: Harper Collins, 1999.

Steffe, Leslie P. "A New Hypothesis Concerning Children's Fractional Knowledge." *Journal of Mathematical Behavior* 20 (2001): 267–307.

Thompson, Patrick W. "The Development of the Concept of Speed and Its Relationship to Concepts of Rate." In *The Development of Multiplicative Reasoning in the Learning of Mathematics*, edited by Guershon Harel and Jere Confrey, pp. 181–234. Albany, N.Y.: State University of New York Press, 1994.

방정숙
- 미국 루이지애나 주립대학교 수학교육학 박사
- 한국교원대학교 교수

송상헌
- 서울대학교 수학교육학 박사
- 경인교육대학교 교수

김동원
- 서울대학교 수학교육학 박사
- 청주교육대학교 교수

이지영
- 한국교원대학교 수학교육학 박사
- 팔달초등학교 교사

정유경
- 한국교원대학교 수학교육학 박사
- 당동초등학교 교사

김정원
- 한국교원대학교 수학교육학 박사
- 신탄진초등학교 교사

수학교사를 위한 지침서 03

유리수의 필수 이해

2017년 02월 10일 초판 인쇄
2017년 02월 15일 초판 발행

저 자 Carne Barnett-Clarke, William Fisher,
Rick Marks, Sharon Ross
역 자 방정숙 · 송상헌 · 김동원 · 이지영 · 정유경 · 김정원 옮김
발행자 오판근
발행처 (주) 교 우

주 소 서울특별시 동대문구 약령시로 8 교우빌딩 2층
전 화 925-2861~2, 편집부 / 925-2825, 홈쇼핑 / 969-5762
팩 스 925-2860

E-mail kyowoo@kyowoo.co.kr
홈페이지 http://www.kyowoo.co.kr
북스토어(쇼핑몰) http://www.kyowoo.co.kr

등 록 1994. 3. 24 제1994-000013호

ISBN 979-11-251-0170-3(94410)
979-11-251-0167-3(세트)
값 10,000원